AUSDRUCKSTANZ
IST KEINE LÖSUNG

Andreas Scheffler

AUSDRUCKSTANZ IST KEINE LÖSUNG
Geschichten

1.Auflage 2011

Copyright © Eichborn AG, Berlin 2011
Umschlaggestaltung: Christiane Hahn unter Verwendung eines Fotos von
Layout und Satz: Schneider. Visuelle Kommunikation
Druck und Bindung: CPI – Clausen & Bosse, Leck
ISBN 978-3-8218-3682-9

MIX
Papier aus verantwor-
tungsvollen Quellen
FSC
www.fsc.org
FSC® C083411

Eichborn Verlag, Kaiserstraße 66, 60329 Frankfurt am Main
Mehr Informationen zu Büchern und Hörbüchern aus dem Eichborn Verlag
finden Sie unter www.eichborn.de

Für Sabine

INHALTSVERZEICHNIS

VORWORT

Seit mittlerweile über zwanzig Jahren lese ich jeden Sonntag, immer um 13 Uhr, gemeinsam mit Andreas Scheffler Geschichten vor. Jeder seine eigenen natürlich, vor einem in all den Jahren stets erstaunlich ausgeschlafenen Publikum. Und seit über zwanzig Jahren freue ich mich jeden Monat wieder auf Andreas neue Geschichten.

Obwohl seine Texte nicht gerade einer überschäumenden Lebensfreude entspringen. Andreas ist streng, sich selbst, seinen Geschichten, seinen Mitlesenden und aber auch der gesamten restlichen Welt gegenüber. Seinen Geschichten verleiht diese Strenge eine große innere Kraft. Andreas beschreibt schlimme Dinge, prangert an, regt sich auf, ist dabei aber alles andere als ein Choleriker, er wird nicht einmal laut. Er ist ein leiser, würdevoller Wüterich.

Die sehr runde, gepflegte Sprache, in welcher er all seine Erlebnisse schildert, dieser sehr aufwendige Stil, den er wohl niemals preisgeben wird, verstärkt diese Wirkung natürlich noch und bietet gleichzeitig dem häufig abgründigen, schonungslosen Witz seines Erzählten einen idealen Boden.

Als idealer Boden für seine Geschichten erweist sich aber auch das wunderbare Brandenburg. Wer jahrelang in einer dunklen Parterrewohnung im tiefsten Wedding gewohnt hat, dann die Hauptstadtwerdung und Luxussanierung in Mitte aus nächster Nähe verfolgen durfte und schließlich selbst, als Bauherr, ein Haus am See, in einem sehr kleinen Ort, tief, sehr tief in Brandenburg baut, der hat eigentlich alles Wesentliche erlebt. Der würde sich bei einem Überlebenstraining am Amazonas vermutlich nur noch langweilen. Andreas Scheffler hat richtig was zu erzählen und ich bin sehr froh, dass er das auch tut. Noch mehr freue ich mich, viele seiner Geschichten jetzt endlich in einem Buch nachlesen zu können. Denn sie sonntags heimlich aus seiner Kladde zu kopieren hätte ich mich dann doch nicht getraut. Denn Andreas ist streng, aber er will natürlich für alle nur das Beste. Einiges von diesem Besten werden Sie auf den nachfolgenden Seiten entdecken dürfen.

Viel Freude dabei wünscht

Horst Evers

I PUBERTÄT

Ausdruckstanz ist keine Lösung

Ausdruckstanz ist laut Duden ein »künstlerischer Tanz, der seelische Empfindungen durch Bewegung ausdrücken will«. Demnach ist für mich ein jeglicher Tanz auch Ausdruckstanz, denn er drückt die seelische Qual aus: »Was mache ich hier eigentlich?!« Manche sprechen auch von »Tanzsport«. Ich halte Tanzen nicht für Sport, denn eigentlich soll Tanzen ja Vergnügen bereiten.

In meiner Heimatstadt war es üblich, im siebten oder achten Schuljahr einen Kurs in der Tanzschule Stüwe-Weissenberg zu besuchen. Ganze Klassenverbände sind da hingegangen. Es war vermutlich mein erster Akt von Nonkonformismus, dass ich da nicht mitgemacht habe. Außerdem hatte ich schlechte Erfahrungen mit dem Tanzen. Bei meiner ersten Klassenfete, ich war zwölf, war es dazu gekommen, dass ich mit Beatrix Blues getanzt hatte. Wenn man das Sich-Umschlingen mit gleichzeitigen kurzschrittigen Bewegungen zu langsamer Musik Tanzen nennen kann. Dieses endlos erscheinende, frühpubertäre Liebesritual hatte zur Folge, dass meine Klassenkameradin Silke weinend den Raum verließ, sich im Flur in eine Ecke hockte, von mehreren Freundinnen in tröstender Absicht verfolgt wurde, diese Freundinnen kurz darauf wieder erschienen, um mich zu holen, damit ich Silke – ja was eigentlich? Wurde von mir erwartet zu sagen: »Jau, is gut, dann tanze ich eben nicht mehr mit Beatrix, wenn du deshalb so schrecklich weinen musst. Dann gehen jetzt eben wir zwei miteinander.« Ich stand also vor diesem jammernden Bündel, das seiner seelischen Empfindung durch Tränen Ausdruck verlieh, war umringt von drei Mädchen, die sagten, ich solle etwas sagen, konnte aber nichts sagen, weil ich nicht wusste, was, sagte also nichts und ging nach wenigen langen Minuten wieder weg. Die Beziehung zu Beatrix hat sich, nach einigen Tagen, die wir wortlos auf dem Schulhof standen, zerschlagen. Ich komme aus einer sozialdemokratischen Familie, ihr Vater war CDU-Stadtrat und hatte vermutlich diese Mesalliance verboten. Außerdem spielte sie Geige, und das Ganze wäre auf Dauer eh nicht gut gegangen. Silke und ich wurden später gute Kumpel.

Eine weitere Tanzerfahrung hatte ich auf der Silberhochzeit meiner Eltern 1979 im Haus Mütherthies. Wie bei fast allen Festveranstaltungen im Gütersloher Raum spielte das Duo »Schmedtkordt und Koch« zum Tanze auf. Herr Schmedtkordt an der Hammond-Orgel, Herr Koch am Schlagzeug. Ich war sehr zufrieden mit der selbst gewählten Aufgabe, mit Tabletts voll Schnäpsen durch die Tischreihen zu gehen. Zur Auswahl standen Apfelkorn und Klarer. Ich hatte bis damals selbst noch keinen Alkohol getrunken, aber ich hatte Spaß daran, die Gäste abzufüllen. Tante Anna, meine Großtante, aber meinte, ich wäre ergotherapeutisch unausgefüllt, und forderte mich zum Tanzen auf. Ich konnte nicht Nein sagen. Sie war über siebzig und ich dreizehn. Bestimmt hat sie es gut gemeint. Ich durfte mir bei den Musikanten ein Lied wünschen, und dann hampelten wir zu Karl Dalls Schlager »Diese Scheibe ist ein Hit« auf dem Parkett herum. Ohne Anfassen, also discomäßig im Rhythmus. Das war sicher ein grotesker Anblick, aber es wäre noch alles in Ordnung gewesen, wenn die anderen Gäste nicht einen Kreis um uns gebildet und diese Ach-wie-niedlich-Gesichter aufgesetzt hätten. Irgendwann war es vorbei, und dann hat Tante Anna mit mir einen Apfelkorn getrunken. Es war damals nicht ungewöhnlich, dass Erwachsene sich bei jungen Jugendlichen einzuschleimen versuchten, indem sie sie zu einem Schnaps einluden. Es hat ja auch meistens funktioniert. Erwachsen wurde man nicht durch unnatürliche, zur Schau gestellte Bewegungen auf einer Tanzfläche, sondern durch Schnapstrinken mit Angehörigen einer älteren Generation.

Als dann im siebten oder achten Schuljahr die Entscheidung für oder gegen den Tanzkurs anstand, riet mir mein ältester Bruder ab. Man käme von einer peinlichen Situation in die andere und aus dem Schwitzen gar nicht mehr raus. Im schlimmsten Falle sogar bliebe man bei der Damenwahl sitzen und müsse mit Frau Stüwe-Weissenberg tanzen. Eine ähnliche Situation kannte ich von der Mannschaftsbildung im Sportunterricht. Ich kippte mir einen Schuss seines *Johnnie Walker* in meine Cola, beherzigte seinen Rat und habe es bis heute nicht bereut.

Später erfuhr ich, dass der wahre Ausdruckstanz das Pogotanzen als Jugendlicher ist. Am liebsten mit den verbündeten Genossen von der Sozialistischen Deutschen Arbeiterjugend im Salvador-Allende-Zentrum; zu »Temple of Love« von den *Sisters of Mercy* oder »Deutschland muss sterben« von *Slime*. Man springt, man rempelt, man umarmt sich, man schwitzt wie Sau, und zwischendurch trinkt man *Karlsquell* bis zum Umkippen. Man lässt die ganze pubertäre Wut raus. und zwischendurch freut man sich. Mit etwas Abstand betrachtet, ist aber auch dieser Ausdruckstanz keine längerfristige Lösung. Geht auf die Bandscheiben und auf die Leber.

Freibäder sind Schicksalsorte

Von mir aus könnten alle Freibäder geschlossen werden, die Schwimmbecken mit Sand aufgeschüttet und mit Rasen eingesät werden. Denn nur darum geht es doch im Freibad. Um die Rasenflächen. Gut, bei schönem Wetter ist das Wasser voller Menschen, so voll, dass an Schwimmen gar nicht zu denken ist. Das Wesentliche für Kinder und Jugendliche ist ja nicht die Fortbewegung im Becken, sondern die Wasserverdrängung mittels einer sogenannten Arschbombe. Zack, hat man einen im Kreuz, dass es nur so knackt. Wasserverdrängung funktioniert auch durch das Werfen von Leibern ins Becken. Körper, die von der Sonne bis zum Glühen aufgeheizt sind und folglich beim Eintauchen ins kühle Nass einen lebensbedrohenden Schock erleiden. Solche Aktionen werden Spaß genannt. Aber tatsächlich werden die Schwimmbecken nur benutzt, weil sie da sind, weil es nun mal Schwimmbad heißt und nicht Rasenfläche. Eigentlich wollen alle nur das Grün benutzen. Als Pubertätsbühne.

Das Freibad ist das Revier der Jugend. Hier finden erste ungeschickte Annäherungen statt. Hier sollen Körper in aufkeimendem Glanz erstrahlen. Erste Hautkontakte werden vollzogen. Wer Karin den Rücken eincremen darf, ist König; wenn sie dabei hinten ihren Bikiniverschluss aufmacht, Kaiser. Zunächst liegen die Mädchen und die Jungen in zwei getrennten Gruppen beieinander. Doch im Laufe des Sommers findet der eine und andere Junge den Mut, sich neben ein Mädchen zu legen, und umgekehrt. Erste große Lieben entstehen. Ein paar Jungen bleiben zurück. Ein paar sind immer übrig. Einer ist immer der Arsch.

Spiele werden gespielt. Frisbee auf dem Rasen und Rommé auf dem Badehandtuch. Das Wasser ist uninteressant. Manche Jungen gehen langsam die gesamte Grünfläche ab auf der Suche nach Frauen, die sich oben ohne sonnen. Dann spielen die Hormone verrückt, und in diesem Zustand kommen sie wieder zu ihrer Gruppe zurück. Jetzt wäre es sinnvoll, ins kalte Wasser zu springen. Stattdessen werden die Mädchen mit nassen Handtüchern benetzt. Manchmal im Laufe des Sommers kommt es vor, dass ein Mädchen einen Jungen bei der Hand nimmt und ganz ernst sagt: »Komm mal mit.« Dann gehen sie mindestens hundert Meter weg in eine Ecke, und nun muss das Mädchen mit dem Jungen reden. Denn Jungen können nicht reden. Nicht darüber.

Ich sehe mich noch vor mir an der Hand von Adriane. 1980. Sie hatte auch noch ihre beste Freundin mitgebracht. Das verhieß nichts Gutes. Wir setzten uns, und ich zupfte vor Verlegen- und Schüchternheit büschelweise Gras. »Andreas,

15

ich muss dir was sagen.« Was würde nun kommen? Wenn sie mir sagen wollte, dass sie mit mir gehen will, und nichts wünschte ich mir damals sehnlicher, dann hätte sie wohl nicht ihre Freundin mitgebracht, ihre Freundin Sylvia, die übrigens ihrerseits mit mir gehen wollte, aber das war mir nichts. Sylvia war größer als ich und entsprach nicht annähernd meinem Schönheitsideal. Adriane dagegen – Mensch, Mensch!« Sie war recht klein. Aber für ihre vierzehn Jahre erstaunlich gut entwickelt. Braune Locken und das strahlendste Lächeln der Welt. Und energisch war sie auch.

»Andreas, du würdest gern mit mir gehen, stimmt's?« Ich hatte ihr das nie gesagt, aber sie hatte es gefühlt. Ich betete sie an. »Ich habe dich ja sehr gern ...« Und nun kam das böse Aber, das Übel der Jugend, das schlimmste Wort, das es gibt. »Aber ...« Kurzum: Ich entsprach nicht ihrem Schönheitsideal. Ich hätte zwar einen tollen Oberkörper, so v-förmig, und auch breite Schultern, aber meine Beine ... zu dick. Ich hätte nun sagen können: Dumme Kuh, guckt nur auf die Beine, dabei hab ich doch jede Menge innere Werte! Hab ich aber nicht gesagt, denn es stimmte ja. Ich hatte dicke Beine. Und angesagt waren bei Jungs damals Spinnenbeine in engen Röhrenjeans. Mick Jagger war das Vorbild. Beine wie bei langjährigen Rollstuhlinsassen. Mit dicken Beinen blieb man übrig. Ich war einer von denen, die immer der Arsch sind.

Alles Gras in Reichweite war ausgerupft. Wenigstens hatte Sylvia die ganze Zeit nichts gesagt. Wir gingen wieder zu den anderen. Ich durfte Adriane den Rücken eincremen. Sie hat sogar ihren Bikini hinten aufgemacht. Aber ich war weder König noch Kaiser. Und dennoch: Wahrscheinlich deshalb, wegen dieses Zeichens von Vertrautheit und Nähe, war ich bis zum Ende meiner Schulzeit der Trottel, der die Hoffnung nie aufgab. Wir gingen ins Kino, in Galerien, spielten Billard zusammen, und gemeinsam haben wir zum ersten Mal einen Pornofilm gesehen. Ich war ihr bester Kumpel. In den nächsten Jahren habe ich ihr noch oft den Rücken eingecremt.

Warum auch nicht? Meine Grenzen waren ja klar abgesteckt. So verging meine Pubertät. Mit Rückeneincremen.

Später haben wir uns aus den Augen verloren. Aber ich bin fast sicher, Adriane wird es irgendwann mit einer gehörigen Portion Wehmut bereut haben, dieses Aber.

Das alles ist nicht vergessen. Und wegen dieser meiner verkorksten Jugend hätte ich nichts dagegen – nennen wir es ruhig Rache, wenn alle Freibäder geschlossen würden.

Als echter Gütersloher

Der wichtigste Feiertag, also der, an dem man das Frei-Haben am nötigsten hat, ist eindeutig Neujahr. Denn Silvesterfeiern haben etwas besonders Exzessives. Der Solide sagt sich: »So, einmal im Jahr darf ich mal über die Stränge schlagen«, und nimmt sich vor, ordentlich ein Fass aufzumachen. Weil er aber nichts vertragen kann, ist er schon frühzeitig voll wie ein Eimer, belästigt Mitfeiernde, übergibt sich an einem ungünstigen Ort und schläft lange vor der Jahreswende ein. Derjenige, der auch sonst dem Feiern nicht abgeneigt ist, will zu Silvester alles andere toppen und endet am frühen Neujahrsmorgen mit einer Alkoholvergiftung in einem nahegelegenen Krankenhaus. Ähnlich ergeht es dem mit den guten Vorsätzen, denn vor den Jahren der Askese will er noch mal alles mitnehmen.

Die meisten Silvesterfeiern verbrachte ich im Partykeller meines ältesten Bruders. Bei solchen Gelegenheiten wurden dort häufig lustige Spiele gespielt. Eines ging so: Jeder schrieb auf einen Zettel eine heitere Aufgabe; alle Zettel kamen in einen großen Bottich, und wenn man beim Mäxchenspiel dreimal falsch lag, musste man einen dieser Zettel ziehen. An sich waren es harmlose Aufgaben: ein zwanzig Minuten lang gekochtes Ei essen etwa, dem Nebenmann die Füße waschen oder zu Hause beim Bürgermeister anrufen. Einmal aber wurde es richtig schlimm für mich. Da war ich etwa sechzehn. Ich musste zu einem nicht anwesenden Nachbarn gehen, den ich nicht kannte, und mit ihm einen Schnaps trinken. Dies musste ich mir darüber hinaus schriftlich bescheinigen lassen.

Ich bin schon immer sehr schüchtern gewesen, und zu diesem Zeitpunkt war ich noch nicht annähernd betrunken. Und ich wusste nicht, dass die Familie meines Bruders mit diesem Nachbarn im Clinch lag.

Etwa um elf klingelte ich bei Familie Killisch. Die Fenster waren hell erleuchtet. Niemand öffnete. Ich gab nicht auf und klingelte noch mal. Endlich hörte ich schlurfende Schritte. Ein dicker Herr in Pantoffeln und Strickjacke öffnete die Tür. »Was willst du denn um diese Zeit?« Er duzte mich, aber was soll's, schließlich war Silvester. »Ich komme von der Party bei Schefflers. Wir spielen ein lustiges Spiel, und ich muss mit Ihnen einen Schnaps trinken.«

»Habt ihr sie nicht mehr alle?«

»Tut mir leid, wenn ich Sie störe. Aber es geht ja ganz schnell. Wir trinken einen Schnaps, Sie bestätigen mir das auf einem Zettel, und schon bin ich wieder weg.«

»Hast du einen Schnaps mit?«

»Oh, Tschuldigung, daran hab ich nicht gedacht.«

»Ist schon gut, dann komm mal rein.«

Wir betraten einen Flur und dann ein Wohnzimmer. Die Hausfrau saß auf dem Sofa, im Fernseher lief eine Silvesterparty. Auf dem Couchtisch standen eine Flasche Bier, ein Glas Wein und eine Etagere mit Knabberzeugs.

»Mutter, wir haben Besuch«, sagte Herr Killisch. Ich gab Mutter die Hand. »Er kommt von Schefflers und soll mit mir einen Schnaps trinken. Irgendein Spiel ...«

»Setzen Sie sich doch, junger Mann«, sagte Frau Killisch und wandte sich wieder dem Fernsehprogramm zu. Ich setzte mich, und der Hausherr holte eine frische Flasche *Echter Gütersloher* aus der Anrichte, ein klarer Kornbrand, der unscheinbar daherkommt, einen aber plötzlich und unerwartet zu einem Pflegefall werden lässt. Herr Killisch setzte sich übers Eck zu mir, stellte zwei Pinnchen vor uns hin und sagte: »Na denn man Prost!« Ich stürzte den Klaren hinunter und stand auf.

»Vielen Dank, wenn Sie mir jetzt noch auf einem Zettel ...«

»Auf einem Bein kann man nicht stehen«, hörte ich, und sein Blick sagte mir, dass jeder Widerstand zwecklos sein würde. Ich setzte mich wieder, und wir tranken.

»Aller guten Dinge sind drei.« Ich wollte protestieren, doch er hatte schon nachgeschenkt. Seine Frau sagte die ganze Zeit über nichts und verfolgte die Silvesterparty im Fernsehen.

»Ein vierfaches Band knüpft umso fester.« Ich hielt mit, und irgendwo blitzte in meinem Gehirn der Eindruck auf, als ob Herr Killisch diabolisch grinste. Ob die weiteren Schnäpse auch durch Sprüche eingeleitet wurden, weiß ich nicht mehr.

Kurz vor zwölf sei ich wieder bei der Party aufgekreuzt. Alle hätten das Spiel schon längst abgebrochen gehabt. Um Mitternacht hätte ich noch einen Sekt mitgetrunken, aber man habe mich dann schnell ins Bett bringen müssen. Ach ja, einen Zettel hätte ich nicht dabeigehabt; dafür aber eine leere Flasche *Echten Gütersloher*.

Hallo, Herr Bademeister!

Was macht ein 18-jähriger Gymnasiast, wenn er an jedem Morgen beim Eintreffen auf dem Schulhof, in der Pause und auch oft nach Schulschluss von einer Gruppe Quintaner mit »Hallo, Herr Bademeister!« begrüßt wird? – Er wird stinksauer. Und dieses Sauer-Sein steigert sich von Tag zu Tag. An jedem Morgen also lauerte mir eine Gruppe von Zwergen auf und rief mehrfach »Hallo, Herr Bademeister!«, um mich zu ärgern. Ich habe mich geärgert. Und wie! Selbst wirkliche Bademeister ärgern sich über diese Titulierung. Sie wollen lieber »Schwimmmeister« genannt werden, weil dies den sportlichen Aspekt der Wasserbegehung betont gegenüber dem eher trägen »Baden«. »Schwimmmeister« konnotiert eine Meisterschaft im Schwimmen; wer dagegen möchte schon Meister im Baden sein.

Ich war weder Bade- noch Schwimmmeister. Ich war Badewärter, eine anspruchslose Arbeit, die ich in mehreren Sommern im Gütersloher Hallenbad ausführte. Man hätte es auch »Kabinenwart« nennen können. Ich musste bei den Herren die Umkleideräume, die Duschen und die Toiletten sauber halten; und wenn der Kassenautomat mal wieder kaputt war, hatte ich den Maschinenmeister zu verständigen. Gelegentlich musste ich einschreiten, wenn Jugendliche durch die Gänge tobten oder über Gebühr die Duschen blockierten. Auch am Versehrten-Badetag war ich zur Stelle, wenn jemand Probleme mit seinem Holzbein hatte. In der warmen, feuchten Luft des Hallenbades entwickelt man eine stoische Gelassenheit. Man bewegt sich wie in Zeitlupe. Es ist wenig zu tun, folglich kriechen die Minuten mühsam bis zum Schichtende. Die Arbeit ist anspruchslos, trotzdem muss man eine gewisse Autorität ausstrahlen. Angenehme Abwechslung war es immer für mich, wenn ich ab und zu für zehn Minuten den Schwimmmeister vertreten sollte, weil der mal eben zum Kühlschrank im Aufenthaltsraum wollte. Im öffentlichen Dienst wird viel gesoffen. Als Schwimmmeister hat man Macht. Man kann Leute anpflaumen, wenn sie vom Beckenrand springen, und man kann willkürlich entscheiden, ob der Dreier geöffnet wird oder nicht. Ich habe diese Momente der Entscheidungskompetenz genossen.

Eines Tages in den Sommerferien nun tauchten drei der oben erwähnten Pimpfe in meinem Arbeitsbereich auf. (»Pimpf« bedeutet übrigens ursprünglich »kleiner Furz«, doch das nur nebenbei.) Sie waren vermutlich noch nicht einmal in die Pubertät eingetreten, aber immerhin schon so weit,

Autoritäten von vornherein abzulehnen. Sie schrien und tobten durch die Sammelumkleide – es war die Hölle. Auf den nassen Fliesen kann man leicht ausrutschen; und auch wenn ich mir wünschte, dass diese Produkte einer verfehlten Erziehung sich das eine oder andere Körperteil aufschlugen, wusste ich doch, dass ich im Falle einer Verletzung ziemlichen Ärger an den Hacken haben würde. Also rief ich sie zur Ordnung. Sie reagierten nicht. Eine zweite Verwarnung brachte ebenfalls nichts. Als Wachsoldat hätte ich nun schießen dürfen. Stattdessen erklärte ich, dass ich durchaus die Befugnis habe, sie des Bades zu verweisen. »Du bist doch von unserer Schule«, krähte eines der Monster, »wie heißt du eigentlich?« Ich konnte es nicht dulden, in meiner öffentlichen Position geduzt zu werden, also sagte ich: »Ich heiße Herr Scheffler.« Die drei Zwerge lachten sich kaputt und gingen schwimmen.

Vermutlich war es ein Fehler, auf der korrekten Anrede zu bestehen, aber hätte ich mich kumpelhaft anbiedern sollen? Die drei kamen im Laufe des Sommers noch ein paar Mal, hatten aber scheinbar die Lust aufs Randalieren verloren. In Wirklichkeit hatten sie einen eiskalten Plan ausgeheckt, um mich in den Wahnsinn zu treiben. Schon am ersten Schultag nach den Ferien lauerte mir eine Meute gerade in die sechste Klasse versetzter Nervensägen auf und rief über den ganzen Schulhof: »Hallo, Herr Bademeister! Hallo, Herr Bademeister!« Schüler aus meinem Jahrgang drehten sich um und lachten. Dieses eine Mal wäre das vielleicht noch lustig gewesen. Aber so geschah es in der Folgezeit an jedem Morgen, in jeder Pause und oft auch nach Schulschluss. »Hallo, Herr Bademeister!« Es führte dazu, dass ich versuchte, erst knapp vor Stundenbeginn zu erscheinen. In den Pausen versteckte ich mich in dunklen Ecken. Es nützte nicht viel. Ich schlief schlecht und hatte Albträume. In einem sah ich mich in Bademeisterkluft ans Drei-Meter-Brett gekettet, und alle Hallenbadbesucher schmähten mich. Ich hatte weniger Angst vor Klausuren als vor diesen Quintanerzecken. Immer häufiger wurde ich auch von meinen Kurskollegen mit »Herr Bademeister« begrüßt. Lehrer sprachen mich an, was das denn solle, und mussten grinsen, nachdem sie meine Erklärung gehört hatten. Ein Wunder, dass mich mein damaliger, sadistischer Lateinlehrer nie so genannt hat! Gerne hätte ich die Giftzwerge vermöbelt, aber wie hätte das ausgesehen! Schwächere verhauen ging nicht, auch wenn ich es liebend gern getan hätte. Diese Mistratten hatten die Macht. Und ich musste den Hohn und Spott erdulden.

Das Ganze ging etwa drei Monate so. Irgendwann tröstete ich mich damit, dass ich letzten Endes doch am längeren Hebel sitzen würde. Im folgenden Sommer im Hallenbad sprach ich mehrere befristete Hausverbote aus. Die sind bindend, auch von einer Aushilfe. Die Kinder haben beinahe geheult. Dabei hatten sie gerade etwas Entscheidendes über das Leben gelernt: Sobald jemand über Macht verfügt, nutzt er sie kalt und gnadenlos aus.

Kerben im Gürtel

Als Jugendlicher habe ich Briefmarken gesammelt und Bierdeckel. Das erfordert Disziplin, Sorgfalt und Ausdauer. Es stärkt den Charakter. Es befördert einen Ehrgeiz nach Vollständigkeit. Wie stolz war ich damals, als ich den Gustav-Heinemann-Satz, sowohl gestempelt als auch ungestempelt, zusammenhatte. Die schönsten Marken gab es in der DDR. Unsere Verwandtschaft im Erzgebirge versorgte mich regelmäßig mit »Jagdwaffen aus Suhl«, »Aquarienfische« und »Einheimischen Pflanze«, ganz abgesehen von Hunderten 35-Pfennig-Karl-Marx-Marken. Kurz nach der Wende brach meine Familie den Kontakt ab, weil sich die sächsische Sippe als glühender Verehrer Helmut Kohls entpuppte. Das Briefmarken-Sammeln hatte ich eh schon aufgegeben, und auch die Sache mit den Bierdeckeln läpperte langsam aus. Ich hatte einfach keine Zeit mehr, denn ab achtzehn war ich damit beschäftigt, im Parteibüro herumzuhängen, Flugblätter zu layouten, Leserbriefe zu schreiben, mit Nazis aus Bielefeld Katz und Maus zu spielen und nebenher zu saufen. Ich kannte auch niemanden, der irgendetwas sammelte, außer Susanne. Susanne war Anfang zwanzig, bewegte sich im Umfeld der Sozialistischen Deutschen Arbeiterjugend (SDAJ) und sammelte erste Male von Jungs. Auch ich bin eine Kerbe in ihrem Gürtel. Das ist eine andere Geschichte, aber ich kann hier aus eigener Erfahrung sagen, dass für Frauen nichts einfacher ist, als einen Jungen in der Spätpubertät ins Bett, auf eine Matratze oder irgendeine andere Unterlage zu bekommen. Etwas Alkohol, ein paar taktile Berührungen, offenkundige Bereitwilligkeit – das reicht schon. Kein Küssen, kein Brustkontakt, also keinerlei Fummelei, es wird nur das Nötigste ausgezogen. Das Ganze ist üblicherweise schnell vorbei, Susanne macht einen Strich auf ihrer Liste, nur darum ging es, nicht etwa um Lust, und man ist wieder sich selbst überlassen. Während meiner Zeit im linken Aktionsbündnis ging es mindestens fünf weiteren jungen Genossen so. Ich habe das ohne Probleme weggesteckt, die meisten anderen wohl auch, aber was Felix angeht, entwickelte sich daraufhin ein Drama. Felix war ein Enkel eines damaligen CDU-Stadtoberen, und so war es nur normal, dass er irgendwann bei uns Jusos landete. SDAJ wäre zu kühn gewesen, aber Jusos, das ging in Ordnung. Felix war damals siebzehn, sprach, als wäre er nie im Stimmbruch gewesen, und war so naiv wie eine Fruchtfliege im Rotweinglas. Er war bei einer Party auf dem Bauernhof von Willies Eltern dran. Als Susanne sich neben den frischen Felix setzte, wussten die meisten von uns Bescheid. Eine knappe Stunde später verschwanden die beiden für etwa zehn Minuten in einem Nebenzimmer. Dann kamen die beiden zurück. Susanne lächelte angesichts der neuen Kerbe in ihrem Gürtel, Felix griente, als hätte er gerade alleine eine große Tüte Gras geraucht. Und dann begann er, sich in einen kleinen Hund zu verwandeln. Susanne ignorierte ihn, aber er wich nicht von ihrer Seite. Sie ließ es zu, dass er sich an ihren Oberarm schmiegte, aber als er versuchte, sie zu küssen, schubste sie ihn weg und zischte ihn an, dass sie das nicht leiden könne. Felix akzeptierte das, denn schließlich war sie die Ältere und Erfahrenere. Er wich nicht von ihrer Seite. Als Susanne einen Joint drehte, anzündete und an ihn weitergab, war er selig. Zwei erste Erfahrungen an einem Abend. Von der ersten war er blöd geworden, von der zweiten musste er eine Weile im Garten verschwinden und unwürdige Geräusche von sich geben. Während Felix kotzte, verließ Susanne mit einem Kumpel die Party. Er hockte noch ein paar Stunden auf einer Matratze herum und schlief dann ein. In den nächsten Wochen verlor er mehr und mehr an Würde. Er ging zu SDAJ-Partys, wenn er vermutete, dass sie da sei. Er bekam raus, wo sie wohnte, und lauerte ihr dort auf. Er schenkte ihr Blumen. Susanne nahm sie, bei Feten ließ sie es zu, dass er für einen Moment seinen Kopf auf ihren Schoß legte, und währenddessen grinste sie ihre dabeisitzenden Freundinnen an. Sie hatte nicht viele Freundinnen, denn sie war ein Luder. Aber sie hatte die meisten Kerben im Gürtel.

Eines Tages, als Felix nicht aufhören wollte zu erzählen, Susanne und er wären zusammen, hielten wir es nicht mehr aus. Wir waren fünf, die ihn eines Abends beiseitenahmen und von uns und Susanne erzählten. Er hat ein bisschen geweint und dann zu viel *Karlsquell* getrunken. Im nächsten Sommer ist er nach Israel in einen Kibbuz gezogen. Seine Stimme soll in der Zwischenzeit tiefer geworden sein. Susanne ist alleinerziehende Mutter von Zwillingen, die gerade in der Spätpubertät sind.

Die Hose

Es war selbstverständlich Klaus, der die Idee mit der Hose hatte. Klaus, der als überzeugter Atheist in die Partei Bibeltreuer Christen eingetreten war, um den Laden mal richtig aufzumischen; der eine Themenparty unter dem Motto »Bei Roland Koch zu Hause« veranstaltet hatte. Klaus, der sich Ende der 80er-Jahre einmal selbst anonym bei Aktenzeichen XY ungelöst angeschwärzt hatte, um zu sehen, was dann passiert. Seine Lebensphilosophie lautete: »Wer Sorgen hat, hat wenigstens noch Likör.« Und er trug immer sehr seltsame Kleidung. Ich selbst habe nie irgendwelchen Modeschnickschnack mitgemacht. Meine Mode heißt »Billig« oder »Ist vom Bruder, kann man aber noch tragen«. Wenn ich doch mal Mode anziehe, ist der Trend schon längst wieder vorbei.

Eines Tages nun stand Klaus vor meiner Tür und sagte: »Andreas, du bist jetzt siebenunddreißig, in den besten Jahren quasi.«

»Das sind meine besten Jahre?« Ich war entsetzt.

»Klar, von nun an geht's bergab. Du musst endlich mal was richtig Verrücktes machen.«

Ich ahnte, was er meinte: »Sport?«

»Quatsch, was richtig Abgefahrenes.«

»Ich hab mir vor einem Monat einen Gehrock gekauft.«

»Nicht verrückt genug.«

»Von meinem eigenen Geld.«

»Okay, aber pass mal auf.«

Er holte eine Hose aus einer Plastiktüte. »Die ist für dich; hab ich von meinem Cousin; dem ist sie zu klein.«

Zu klein?! Die Hose, die er mir wie ein Zelt vor die Nase hielt, würde Ottfried Fischer passen und wahrscheinlich auch Dieter Pfaff. Womöglich würde jeder in ein Bein passen.

»Ich weiß«, sagte Klaus, »der Trend liegt schon wieder in den letzten Zügen, aber das kommt dir doch entgegen. Los, anziehen.«

Klaus musste man gehorchen. Also stieg ich widerwillig in den Sack hinein und band einen Gürtel um die Taille. Der Schritt hing auf Kniehöhe, die Beine waren erheblich zu lang. »Das tragen junge Leute seit ein paar Jahren, na ja, einige noch. Wie fühlst du dich?« – Ich kam mir lächerlich vor. In diesen Hosen könnte man Windeln tragen, und keiner würde es sehen. Ich trug für gewöhnlich einen engen Slip. Wofür war nur der viele Platz?

Klaus war begeistert.»Und nun raus auf die Straße!«

»Was? Ich werde zum Gespött meines Wohnviertels. Ich bin zu alt für so'n Scheiß!«

»Quatsch, setz diese Sonnenbrille auf, dann erkennt dich keiner.«

»Klaus«, sagte ich,»ich habe Sorgen.« Sofort reichte er mir ein Fläschchen Likör.»Große Sorgen.« Er verstand und gab mir den Rest der Dreierschachtel *Kuemmerling*. Ein wenig gestärkt folgte ich Klaus hinaus auf die Straße. Vor uns lag der Arkonaplatz in sommerlicher Heiterkeit, die durch meine Sonnenbrille und die Kleidung allerdings erheblich einge-schränkt war. Die Hose labberte an mir herunter, und ich fühlte mich, als hätte ich hineingemacht. Hatten die jungen Leute vielleicht wirklich Windeln an, weil sie selbst zum Aufs-Klo-Gehen zu träge waren? Ich tadelte mich und war froh, diesen Gedanken nicht laut geäußert zu haben. Schon nach wenigen Metern bemerkte ich, dass die Unterkanten meines Beinkleides bereits verschmutzt waren. Klaus übergab mir aus den prall gefüllten Seitentaschen seiner Hose einen Likör. Wir gingen stupide die Granseer Straße entlang, ich im Rahmen meiner Möglichkeiten ständig Ausschau haltend nach Be-kannten, vor denen ich in einen Hauseingang hätte flüchten müssen.

»Was hast du eigentlich in deiner Pubertät gemacht?«, fragte Klaus.

»Nichts«, sagte ich,»und du?«

»Gesoffen, gekifft, Punk-Musik gehört, Liebeskummer ge-habt und auf ein Auto gespart. Und du?«

»Ich war bei den Jusos.«

»Ah ja.« Er machte noch eine Schachtel *Kuemmerling* auf. »Und sonst?«, fragte er.

Und ich verfiel in eine milde Schwärmerei über meine Zeit als politischer Aktivist. Die Geschichten über Seminare mit wilden Abenden, über Schlägereien mit Nazis, über Hausdurchsuchungen; Flugblätter verteilen und Infostände. Wie man dauernd angepöbelt wurde. Wie ich gleichzeitig in zwei Frauen verknallt war. Wie gesoffen wurde und politisiert; und ständig Krach mit den Alten. Die ganze blöde Pubertätskacke eben. Und während ich das erzählte, ahnte ich schon bald, dass Klaus irgendwann mit einem furchtbar moralischen Schluss würde angeschissen kommen.

Aber letzten Endes landeten wir nur in unserer Stammkneipe. Da war Party mit Themenabend »Wie wir, zwanzig Jahre jünger, heute rumlaufen würden«. Irgendwann sangen wir alle zusammen die Internationale. Und danach kann bekanntlich nichts mehr kommen.

Kinder liegen mir nicht

Ich habe bereits ein Haus gebaut, eines aus Holz zwar, aber ein richtiges habe ich in Angriff genommen. Ich habe auch schon einen Baum gepflanzt, zum Missfallen meines Nachbarn eine Erle, die für ihn nichts als Unkraut ist. Ich werde in nächster Zukunft noch mehrere Bäume pflanzen. Süßkirsche und Birne. Ein Kind gezeugt habe ich vermutlich noch nicht. Ich weiß zwar, wie das geht, aber nur weil man es kann, muss man es ja nicht gleich auch machen. Sehr wahrscheinlich werde ich kein Kind mehr zeugen, und dafür sollten mir alle dankbar sein; sowohl Kinder wie auch das Gemeinwesen als Ganzes. Meine Erziehung würde die Kinder verwirren. Eine Mischung aus autoritärer Strenge und grenzenlosem Laisserfaire. Ein Hin und Her zwischen dem Stil meiner Eltern und dem, was ich mir als Kind gewünscht habe.

Diesem Hin und Her waren mein zehnjähriger Neffe und meine acht Jahre alte Nichte gegen Endes des Jahres einige

Tage ausgesetzt. Weil die Eltern fortmussten, wurden die Kinder der Obhut ihrer Großeltern sowie Onkel und Tante überlassen. Menschen, die ständig von sich und ihren Enkelkindern in der dritten Person gesprochen haben, »Omma hat, Oppa hat, Svenja soll aber, Daniel muss jetzt«, und Sabine und mir, die »ich« und »du« gesagt haben.

Die erste Nacht, bevor es mit dem Hirtenjob ernst werden sollte, war im Gütersloher Gästezimmer aufgrund Erkältungserscheinungen – verstopfte Nasen und die daraus folgenden Geräusche bei Sabine und mir – annähernd schlaflos verlaufen. Um halb sieben steht Sabine auf und geht zum Spielen ins Nebenzimmer zu den früh erwachten Kindern. Ich versuche, endlich Schlaf zu finden. Wenigstens bis zehn. Doch jedes Mal, wenn ich kurz davor bin, in Morpheus Reich einzutauchen, verstellt mir ein schrecklicher Krach das Tor. Mal plumpst ein Kind vom Rücken der ein buckliges Pferd mimenden Gattin lautstark auf den Fußboden, Türen werden grundsätzlich geknallt, dann geht die Lokusspülung los, und zu guter Letzt dröhnt ein Potpourri der beliebtesten Technobeats, gespielt auf Lichtschaltern und verstärkt durchs Mauerwerk, in meinen Schädel. Ich stehe auf und lasse mich aus dem Bett fallen. Die Frühstückszigarette nehme ich bei minus drei Grad auf dem Balkon ein. Wegen meiner zitternden Hände funktioniert die gewöhnliche Zahnbürste nun wie eine elektrische. Beim Spülen fällt mir eine meiner provisorischen Kronen heraus. Dieser elektrische Zahnbürstenscheiß ist doch Käse! Die Kinder treffen kurz nach mir im Esszimmer ein und werden von den Großeltern gefragt, ob sie sich auch gewaschen hätten. Sie winden sich, und ich sage: Macht nichts. Ich hätte mich auch nicht gewaschen; schließlich werde man in der Regel beim Schlafen nicht schmutzig. Großmutter schaut mich vorwurfsvoll an, sagt aber erstaunlicherweise nichts weiter dazu. Nun geht das Drama mit dem Essen los. In Westfalen werden Menschen dafür bewundert und hoch geachtet, wenn sie sehr viel essen. Sich noch mal nachzunehmen ist obligatorisch. In Gaststätten und Restaurants gilt das Motto »Lieber den Magen verrenken, als dem Wirt was schenken.« Gleichzeitig sind sehr dicke Menschen nicht gut beleumundet. – Ein Paradoxon, das wohl nur ein alteingesessener Westfale lösen könnte, wenn er sich die Mühe machen würde.

Klein Svenja hat inzwischen ein halbes Brot mit Nutella aufgegessen und ist satt. Das kann Omma nicht zufriedenstellen. »Guck mal, Omma macht Svenja noch'n Bütterken mit Leberwurst.« – »Nein, ich bin satt.« – »Ach, das kannste wohl noch. Svenja muss doch noch wachsen.« Daniel bemerkt nebenbei, dass Oppas Frühstücksei stinkt. Er verliebt sich in den Gedanken, und ständig bricht es aus ihm heraus: »Das Ei stinkt.« Ich sitze daneben und grinse. Am Frühstück beteilige ich mich nicht. Ich frühstücke nie. Stattdessen hocke ich vor einem Glas Apfelsaft, denn vor dem ersten Bier möchte ich eine solide Grundlage haben. Daniel sagt unterdessen zum etwa achten Mal, dass Oppas Ei stinkt. Mein Vater reißt sich erstaunlich zusammen. Ich hätte früher schon längst eine geknallt bekommen. Seine Stimme hebt sich nur unerheblich, als er anmerkt, dass man beim Essen ernst zu sein habe.

Anschließend Zeitung lesen. Ich referiere gegenüber Sabine die Randmeldungen. Ein Unternehmer wollte in Gütersloh einen Puff aufmachen und hat nun nach zwei Jahren Suche aufgesteckt, weil ihm keiner ein Grundstück verkaufen wollte. »Was ist ein Puff?«, fragt Daniel, während Omma ihre Nase ins Esszimmer hält und böse guckt. »Öh«, sage ich, »da gehen Leute hin, die ganz alleine sind und niemanden zum Kuscheln haben. Und im Puff können sie dann für Geld mit jemandem ganz Fremden kuscheln. Besser als nix.« Svenja kommt aus dem Wintergarten. »Kuscheln? Olli Geissen sagt da immer poppen zu.« Omma ist einer Ohnmacht nahe.

Ich gehe erst mal vors Haus eine rauchen. Daniel kommt mit. Wenn er mich jetzt nach einer Zigarette fragen würde, ich würde ihm sagen, dass das gar nicht gesund ist und er solle mich doch mal angucken, ob er so werden möchte wie ich, mal ganz im Ernst; wenn er dann sagen würde, ja, will ich; vielleicht würde ich ihm eine geben; als Abschreckung, wenn er dann so richtig husten muss. Aber er fragt nicht. Mein Bruder und meine Schwägerin machen das schon richtig. Mit der Erziehung. Aber ich? – Ich kann das nicht.

Alles ist eitel

Ich soll etwas erzählen? – Also gut, ich werde etwas erzählen. Auch wenn ich nicht umhin kann vorauszuschicken, dass die nun folgende Geschichte dem einen oder anderen zunächst recht belanglos erscheinen mag, womöglich sogar unglaubwürdig oder zumindest merkwürdig. Ich will aber jedem versichern, dass die geschilderten Vorkommnisse vollkommen der Wahrheit entsprechen, was ich schon allein dadurch zu unterstützen vermag, dass ich selbst, der Erzähler, ein recht befremdliches Verhalten an den Tag lege, dies aber hier freimütig, wenn auch mit genanten Gefühlen, vor der Öffentlichkeit gestehe.

Ich hatte an einer Redaktionskonferenz teilgenommen und manch schönen Beitrag für den Abdruck durchzusetzen geholfen. So hatte ich also nicht den geringsten Grund, übellaunig einherzugehen und meiner Umwelt mit einem misanthropischen Blick zu begegnen. An anderen Tagen kommt es nicht selten vor, dass meine Sicht durch Misanthropie getrübt ist; gerade der Jugend stehe ich misstrauisch gegenüber, und es fällt ihr nicht leicht, mein Wohlgefallen zu erlangen. Besonders was Musik- und Kleidungsgeschmack angeht, lugt allzu oft die Intoleranz in mir hervor, ein Wesenszug, den man nicht pflegen sollte.

Heute aber war nichts davon zu vernehmen, und ich ging heiter zur U-Bahn-Station, meinen Heimweg anzutreten. Während solcher Fahrten von wohl einer halben Stunde trinke ich gerne eine Flasche Bier, um mir die Zeit bis zum ersehnten

Zuhause zu versüßen und mich auf den Feierabend und den ruhigen Tagesausklang einzustimmen. An diesem Abend hatte ich mir von der Redaktionssitzung eine Flasche *Staropramen* aufgespart, ein hervorragendes tschechisches Gebräu, das nun auch hierzulande bald in jeder Getränkehandlung zu erstehen ist.

Nur kurz war die Wartezeit auf dem überfüllten Perron am Halleschen Ufer. Mit quietschenden Bremsen fuhr die Hochbahn in die Station ein. Erfreut, diese erste Etappe des Heimwegs bewältigt zu haben, ließ ich mich in einem Winkel des Waggons auf einen Sitz fallen und öffnete mit dem Feuerzeug die Flasche. Eine Handhabung, die noch vor zwanzig Jahren nur wenige beherrschten, inzwischen aber jedes Kind zu leisten imstande ist.

Noch bevor ich mich jedoch setzen konnte, fragten mich zwei Jugendliche, wohl etwa fünfzehn Jahre alt, höflich nach einer Zigarette. Ich gehöre nicht zu den Menschen, die bei anderen eine Unvernünftigkeit tadeln, wenn sie selbst diesem Laster frönen. Auch die Jugendlichkeit der beiden hielt mich nicht ab, dem Wunsch nachzukommen, hatte ich doch selbst mit fünfzehn begonnen zu rauchen, und erst recht heute wird man in diesem Alter die Risiken des Tabakgenusses einzuschätzen wissen. Allerdings wollte ich auf jeden Fall vermeiden, dass diese Jungen meine Zigaretten in der U-Bahn rauchten. Folglich fragte ich: »Für hier drinnen oder für nachher?«

»Für nachher natürlich«, sagte der eine, und ich reichte ihm meine vorletzte Lucky Strike dieser Schachtel.

»Kann ich auch eine haben?«, fragte der andere, und ich gab ihm die letzte, während sich der eine beeilte, dem anderen mitzuteilen, er möchte doch verzichten, weil es eben nun mal meine letzte sei.

Von solcher Rücksichtnahme überwältigt, konnte ich nur sagen: »Ist schon okay. Ich hab noch eine Packung«, was durchaus der Wahrheit entsprach.

Die jungen Leute sagten: »Ey, danke«, ich setzte mich in meinen Winkel und öffnete mein Bier.

Ich trank einen Schluck und schaute noch mal hinüber. Ich kann mein Erschrecken kaum beschreiben, mein Entsetzen, wenn ich mir die nun gewiss folgenden unschönen Szenen ausmalte. Ich hatte beim Eintreten in den U-Bahn-Waggon, während ich den Jungen zwei Zigaretten spendierte, übersehen, dass die beiden mit einer Flasche Wodka hantierten. Sie reichten sich die Flasche *Gorbatschow* zu, einen nicht besonders guten, aber sehr wirkungsvollen Schnaps, tranken jeder einen Schluck und hielten inne. In diesem Augenblick dachte ich einen Satz, den auch Thomas Mann schon einmal gedacht hatte, übrigens auch in einer Bahn, allerdings einer Eisenbahn; ich dachte: »Das geht nicht gut, das geht nicht gut, das geht keinesfalls gut.« Wir alle kennen sie, die Maßlosigkeit der Pubertierenden, ihre Grenzenlosigkeit in allen Gefühlsdingen, sei es bei Liebeskummer, Problemen mit der Lehranstalt oder Konflikten zwischen den Generationen. Immer ist die seelische Angegriffenheit gleich eine existenzielle Frage. Häufig wird der Alkohol herangezogen, um den nagenden Kummer im Gemüt zu betäuben, und immer ist die Folge eine unwürdige Vorstellung. Wir wissen das aus eigener, zuweilen noch heute Scham auslösender Erfahrung. Und nun das mögliche Schauspiel hier in diesem Waggon! – Es ist schlimm, Menschen bei etwas zu beobachten, das ihnen in zehn Jahren peinlich sein wird; noch schlimmer aber ist zu befürchten, es könnte ihnen auch in zehn Jahren noch nicht unangenehm sein.

»Das geht nicht gut«, dachte ich und sah noch immer hinüber. Und ich wurde auf erlösende Weise beruhigt, wie ein Krampf in der Wade, der plötzlich auf wundersame Weise der Normalität weicht. Die beiden Jugendlichen nahmen nicht Hieb auf Hieb des hochprozentigen Schnapses. Nein, sie hielten inne und sprachen vernünftig miteinander. Ich konnte verstehen, wie der andere sagte, jetzt sei es auch mal genug mit dem Alkohol, er habe keine Lust mehr. Der eine entgegnete, dass man ruhig ab und zu mal einen trinken könne. Aber eben nur ab und zu. Die beiden hatten meine volle Sympathie. Und ich hatte vorher auch bereits ihre gewonnen.

»Vanitatum vanitas et omnia vanitas.« Und nun, dies muss ich unumwunden zugeben, gewann die Eitelkeit Herrschaft über mich. Ein, wie die Intoleranz, sicher unschöner Wesenszug, aber doch, wie ich meine, eine eher lässliche Sünde. Ich wollte die Sympathie der jungen Leute für mich noch steigern, ihnen die Versicherung geben, dass ich ihnen wohlwollte. Wenige Minuten vor meinem Umsteigebahnhof ging ich mit dem *Staropramen* in der Hand zur Ausgangstür gerade neben den zwei disziplinierten Zechern. Fröhlich fragte ich den mit dem Wodka, auf die Flasche deutend: »Krieg ich auch einen Schluck?« Er schaute kurz erstaunt und reichte mir dann den Schnaps. Entschlossen nahm ich einen kräftigen Zug, bedankte mich und gab die Flasche zurück. Die Reaktion war erstaunlich und übertraf meine Erwartungen bei Weitem. »Ey, du bist cool, Mann, echt!« Seine Begeisterung kannte keine Grenzen. Dieser junge Mann war überwältigt, weil ich, ein Erwachsener, ihn um einen Schluck Schnaps gebeten hatte, statt ihn von oben herab zu tadeln. »Schlag ein, Mann«, sagte er, hielt mir seinen Arm hin, und ich schlug meine Handfläche auf seine. »Echt cool, ey! Und fährst du jetzt zu deiner Frau?« Ich bejahte. »Das hab ich mir gedacht. Echt cool, Mann!« – »Tschüss«, sagte ich beim Aussteigen, die beiden riefen: »Machs gut, Alter!«, was ich unter anderen Umständen als ungebührlich betrachtet hätte, heute aber als einen freundlichen Gruß auffasste.

Auf dem Rest des Rückwegs gingen die Gedanken her und hin. Hatte ich mich richtig verhalten? Was war da mit mir durchgegangen? In einer heiteren Laune, beflügelt von einem befürchteten desaströsen Akt, der Gott sei Dank nicht stattgefunden hatte, war ich von der Gefallsucht geritten worden.

Ich wollte mich als toleranter Erwachsener präsentieren, der Jugend zum Vorbild, den Gleichaltrigen zur Mahnung. Ich zweifelte, ob diese Haltung tolerabel war.

Endlich daheim, erzählte ich meiner Frau die ganze Geschichte, die Geschichte von der Bahnfahrt, bei der ich mich, umgangssprachlich ausgedrückt, bei der Jugend eingeschleimt hatte. Sabine sagte: »Meine Herren, hätten wir uns damals gefreut, wenn wir so behandelt worden wären! Mach dir mal keine Sorgen! Du hast einfach einen kleinen Beitrag zur Verständigung der Generationen geleistet.«

Ich sehe das heute mit ein wenig Abstand auch so. Und ich habe es erzählt, ohne etwas hinzuzufügen und ohne etwas zu verschweigen.

2 PHANTASMAGORIEN UND HIRNSCHWURBEL

Ich Schussel

Seit zehn Minuten stehe ich in der Küche und überlege, was ich hier wollte. Ich gucke in den Kühlschrank, sehe in die Schnapsecke unter der Spüle, blättere die Zeitungen durch. Ich weiß es nicht mehr. Während der elf Schritte aus meinem Zimmer heraus in die Küche habe ich vergessen, was ich hier holen, gucken oder tun wollte. Schlimm. Was essen? – Nicht um diese Zeit. Einen Schnaps? – Zu früh am Tag. Was in den Zeitungen suchen? – Nicht, dass ich wüsste. Etwa die Dunstabzugshaube reinigen? – Unmöglich, egal wie versifft die ist, die Dunstabzugshaube wird höchstens alle fünf Jahre gereinigt. Und ich weiß genau, dass die vor zwei bis drei Jahren zuletzt dran war. Das Beste in solchen Situationen ist es, an seinen Ausgangspunkt zurückzugehen. Ich setze mich wieder an meinen Schreibtisch. Unten rechts auf dem Teppich steht eine leere Flasche Bier. Aha. Ich wollte mir aus der Küche eine neue Flasche holen. Alles klar. Ich gehe los und finde mich im Bad wieder. Ich weiß noch genau, dass ich eigentlich in die Küche wollte. Aber wo ich schon mal da bin, kann ich auch mal eben aufs Klo gehen. Ein paar Seiten im *Spiegel* lesen. So. Ich betrete den Flur und rufe Sabine zu: »Ich gehe mal eben in den Keller und hole mir eine Flasche *Dornfelder*. Soll ich dir was mitbringen?« – »Du kannst mir für später eine Flasche *Kerner* mitbringen«, sagt Sabine, »aber denk daran, dass du für mich noch zu Herschel gehen wolltest. Auf dem Weg kannst du dann auch gleich meine Briefe einwerfen.« Herschel ist eine Buchhandlung, bei der ich ein bestelltes Buch abholen sollte. Aus dem Keller zurück, stelle ich fest, dass ich Sabines *Kerner* dabeihabe, nicht aber meinen *Dornfelder*. Also noch mal runter. Zum Glück wohnen wir im Hochparterre. Ich öffne den Rotwein, damit er atmen kann, und ziehe mich wetterfest an. »Auf dem Rückweg von Herschel könntest du noch bei Schlecker rein und Katzenstreu kaufen. Und vergiss die Briefe nicht. Die müssen morgen da sein.« Ich stecke die Briefe in die Brusttasche und stiefele los. Bei Herschel hole ich die bestellte Broschüre über Kirchen im Müritzkreis ab, lasse mir eine kleine Tüte geben, erblicke auf dem Rückweg Schlecker, kaufe das gute Pitti-Katzenstreu, nehme auch noch eine Tüte von dem sauteuren Futter für Seniorenkatzen mit, kaufe hundert Meter weiter bei Getränke Hoffmann noch Zigaretten und bin endlich wieder zu Hause. Drei Stationen auf einmal. Donnerwetter. »Hast du die Broschüre?«, fragt Sabine. – Mist! »Ich muss noch mal los«, sage ich und verlasse schnell die Wohnung. Die Bedienung bei Getränke Hoffmann lächelt mich freundlich oder auch mitleidig an. »Das hatten Sie auf dem Tresen liegen lassen.« Ich bedanke mich und bringe Sabine die Müritzer Kirchen. So, jetzt erst mal ein bisschen in die Kiste gucken.

Zwei Stunden später bin ich mir nicht mehr sicher, ob ich die Briefe auch eingeworfen habe. Ich kontrolliere die Brusttasche meiner Jacke und bin sauer auf mich selbst. Ein Schluck *Dornfelder*, ich ziehe Schuhe und Jacke an, rufe: »Ich muss eben noch mal zum Spätbriefkasten«, und verlasse abermals die Wohnung.

Wieder zu Hause will ich endlich konzentriert an meinem Roman arbeiten. Zu diesem Roman passt kein Rotwein, sondern eher ein Bier und dazu ein *Tullamore Dew*. Ich schreibe lustig vor mich hin, links von mir auf dem Schreibtisch steht der Aschenbecher, rechts ein Glas Bier und eines mit Whisky. Abwechselnd nippe ich an beiden Getränken. Irgendwann ist das Whiskyglas alle. Ich nehme die Flasche und schenke mir nach. In das halbvolle Bierglas. Mist! Man soll eben nicht durcheinandertrinken. Aber jetzt ist es passiert. Und ich konnte noch nie etwas wegschmeißen. Nach kurzer Zeit merke ich, dass Durcheinandertrinken wirklich nicht gut ist. Feierabend.

Sehr viel später sehen Sabine und ich uns im Fernsehn zu Ehren von Elizabeth Taylors 75. Geburtstag den großartigen

Film »Die Katze auf dem heißen Blechdach« an. Sie hat sich aufs Sofa hingelagert, ich lehne in meinem Fernsehsessel. Ich frage: »Sabine, fändest du es blöd, wenn ich zehn Minuten sinnlos in der Küche herumstehen würde?« Sie sagt: »Ja, das fände ich ziemlich bescheuert.« – »Okay«, sage ich, »würdest du mir bitte ein Bier holen?« Sie zeigt mir einen Vogel, ich gehe widerwillig elf Schritte in die Küche und komme nach zehn Minuten mit der Flasche *Dornfelder* zurück. Sabine fragt, was ich denn so lange in der Küche gemacht hätte. »Ich habe nachgedacht«, sage ich, »wie das wohl in zwanzig Jahren aussieht.«

Wurst

»Du Wurst«, sagte Simone und legte ohne ein weiteres Wort den Telefonhörer auf. – Beleidigt zu werden ist schon schlimm, noch schlimmer aber, wenn man nicht weiß, was die Beleidigungsvokabel bedeuten soll. Wurst. Ich war also in Simones Augen eine Wurst. Aber was für eine? Eine Mettwurst, eine Blutwurst oder gar ein Deutschländer-Würstchen? Vielleicht meinte sie »kleines Würstchen«, hatte sich dann aber nicht getraut, das Diminutiv anzuwenden. Es war unklar. Und schließlich hatte sie überhaupt keinen Grund, mich zu beleidigen. Wir hatten ein vollkommen belangloses Gespräch geführt. – »Hanswurst«, schoss es mir durch den Kopf. Wollte sie andeuten, ich sei ein Hanswurst, also ein Kasper? Das konnte man wiederum als Lob auffassen: der listenreiche und genussfreudige Kasper, der dem Prinzen hilfreich zur Seite steht und die Bösewichter mit seiner Pritsche vermöbelt. Aber warum sagte sie dann »Wurst«? Gut, sie war, wie wir alle, der Gewohnheit verfallen, Wörter abzukürzen. Wer sagt heute noch »Automobil« oder »Lokomotive«? Oder »Hundehaufen«? Auch Simone würde formulieren: »Vor unserer Haustür liegt wieder ein riesiger Haufen.« Wurst – ist das nicht auch die kindliche Bezeichnung für ein festes Ausscheidungsprodukt? Hatte Simone mich quasi einen »Scheißhaufen« genannt? Das wäre allerdings die Höhe. Trotzdem unmöglich. Für so eine Assoziationsleistung besaß Simone eindeutig nicht das intellektuelle Unterfutter. Sie war ein schlichtes und absolut stocksolides Wesen, das Germanistik und Romanistik studierte. Unter vollem körperlichen Einsatz hatte sie sich an unsere literarisch ambitionierte, wenn auch erfolglose Gruppe herangetastet, auf dass ein wenig Glanz auch auf sie herabfalle. Sie selbst aber war nicht dazu in der Lage, auch nur einen fantasiebewegten Satz zu formulieren. Dennoch war sie bemüht, irgendetwas im Bereich des Künstlerischen zu unternehmen. Wenn ihnen jegliches Talent abgeht und nichts anderes einfällt, neigen solche Menschen dazu zu fotografieren. Simone kaufte sich vom Ertrag eines vierwöchigen Ferienjobs eine Spiegelreflexkamera der Marke Canon. Nun macht sie Fotos und erklärt diese zu Kunst. Hauptsächlich fotografiert sie Hausfassaden, alte Hausfassaden. Die Kunst besteht darin, aus einem bestimmten Winkel heraus auf den Auslöser zu drücken. Und wenn die Kontaktabzüge kommen, ist die Aufregung groß. Ich persönlich bin mit meiner Automatik für siebenunddreißig fünfzig aus der Metro auch sehr zufrieden.

Simone fotografierte also und nannte mich »Wurst«. Außerdem hing sie dem Vegetariertum an, und zwar konsequent. Wenn wir unsere Kammscheiben und sie ihre Tofus grillten, benutzte sie zum Wenden unterschiedliche Zangen. Das Vegetariertum war ein weiterer Ansatz: »Du frisst so viel Aas, dass du schon selbst eine Wurst bist.« Hatte sie das gemeint? War da plötzlich ein Anflug von Fantasie in ihr aufgekeimt, der immerhin dafür gesorgt hatte, dass ich schon seit Stunden über Wurst nachdachte; der vermutlich dafür sorgen würde, dass ich jedes Mal, wenn ich zum Kühlschrank ging, an Simone würde denken müssen?

Wir hatten telefoniert, um uns auf einen Kinobesuch zu verständigen, ich hatte irgendwann gefragt: »Und – hast du heute schon ein Foto gemacht?«, dann hatte sie »Wurst« gesagt und den Hörer eingehängt. Ich wählte Simones Nummer. »Simone«, fragte ich, »was hast du heute Vormittag mit Wurst gemeint?« – »Keine Ahnung. Was ist denn nun mit Kino?« – »Kohlrabi«, sagte ich und legte auf.

Mordlust

Was sind das eigentlich für Menschen, die am Kontoauszugsdrucker stehen, gerade ihre Kontoumsätze ausgedruckt bekommen haben und sich nun, ohne beiseitezutreten, das Ganze erst mal in aller Seelenruhe durchlesen, während hinter ihnen eine Schlange steht und wartet und wächst? – Es sind katastrophale Figuren im mitmenschlichen Zusammenleben! Es sind Menschen, die an sozialen Brennpunkten die Lunte fürs Pulverfass geben. Es sind die Gleichen, die zur Rushhour bei Kaiser's an der Kasse, während ihre Ware schon eingescannt wird, plötzlich rufen: »Moment, ich hab noch was vergessen!«, um dann für wenigstens fünf Minuten in der Weite des Verbrauchermarktes zu verschwinden. Die gefühlte Zeit ist länger. Einige weichen auf andere Kassen aus, die meisten verharren in aus verkrampfter Not gespielter Gelassenheit. Nach einer Ewigkeit kommt die Kundin mit einem Joghurt zurück. Die Wartenden unterdrücken mühsam ihre Aggressionen und werden schließlich vor eine übermenschliche Aufgabe gestellt, als die Käuferin nach Bekanntwerden der Rechnungssumme bemerkt, dass sie nicht genügend Geld dabeihat. Sie kichert dabei. Der Mann, der hinter ihr steht, presst einen Hilfshinweis heraus: »Haben Sie denn keine EC-Karte?« Die Knöchel seiner Finger, die den Einkaufswagengriff umschließen, stehen weiß hervor. Die Kundin schüttelt den Kopf, als habe man ihr Schreckliches angetragen.

Nun muss die Frau mit dem Stornoschlüssel gerufen werden. Diese kommt nach einer sehr langen Weile. Die Kassie-

rerin starrt unterdessen routiniert ins Leere, in der Warteschlange scharrt man mit den Füßen. Einige haben nervöse
Zuckungen im Gesicht. Jetzt wird zäh, begleitet von langen
Überlegungen, auf welche Ware man denn verzichten könne,
subtrahiert, bis das Geld ausreicht. »Vielleicht die Konfitüre
oder doch die Spaghetti, ach, ich weiß nicht, ja, die Steaks
brauche ich heute eigentlich doch nicht, oder, hm... Teebeu-
tel habe ich, glaube ich, wohl noch zu Hause, und der Joghurt
ist an sich auch nicht nötig.«

Als die Kundin nach dem scheinbaren Ende der Transak-
tion – den Wartenden steht der Schweiß der Selbstbeherr-
schung auf der Stirn – mit einem Mal ruft: »Halt, den Joghurt
könnte ich doch noch nehmen. Ich bringe Ihnen dann die Wa-
genmünze dafür«, steht unverhohlene Mordlust in den Ge-
sichtern der Umstehenden. Aber man bleibt stumm. Man
würgt sie nicht. Man tritt ihr noch nicht mal in den Hintern.
Stattdessen beherrscht man sich. Und davon wird man krank.

Entzug

Seit sechs Stunden auf Entzug. Es ist nicht so, dass ich zitt-
rige Finger hätte oder Schweißausbrüche. Aber ich bin etwas
nervös. Man könnte auch sagen, fahrig. Die innere Unruhe
wächst. Ich würde jetzt gern etwas kaputt machen. Man
könnte auch sagen, zerstören. Kurz und klein schlagen. Ich
nehme einen Bleistift, betrachte ihn und breche ihn in der
Mitte durch. Die zwei Hälften auch noch mal zu teilen ge-
lingt zunächst nicht. Dann lege ich sie auf die Kante des
Schreibtischs und schlage kräftig mit der Handinnenfläche
drauf. Scheiße, tut das weh! Aber jetzt hab ich vier Viertel.
Ha! Ich fühle mich besser; irgendwie erleichtert. Auf der Tas-
tatur meines Computers entdecke ich einen feuchten, roten
Fleck. Meine rechte Hand blutet. Die Nervosität steigert sich
wieder. Kaputt machen! Zerstören! Morden! Ich betrete den

Wohnungsflur und suche nach Sabine. Sie liegt im Wohnzimmer auf dem Sofa und streichelt die Katze. Ein idyllisches Bild. Jetzt fangen meine Hände an zu zittern. Auf meiner Oberlippe bilden sich Schweißtropfen. Langsam gehe ich auf sie zu und sage: »Kann ich eins von den Sofakissen haben?« – »Klar«, sagt Sabine, »aber was willste denn damit?« – »Ich will eins von deinen blöden, beschissenen Ikea-Sofakissen«, sage ich betont ruhig, »und dann gehe ich in die Küche, nehme mir ein Messer und schlitze es auf, dass der Schaumstoff nur so herausquillt.« Die Katze flüchtet unter die Couch. Sabine sammelt hektisch alle sieben Kissen ein und legt sich drauf. »Nur über meine Leiche«, sagt sie. Ich überlege kurz, hole mir dann aus der Küche ein Bratenmesser, gehe in mein Arbeitszimmer und falle über die physiotherapeutische Unterlage auf meinem Schreibtischstuhl her. Ein wenig Erleichterung stellt sich ein, und ich trinke ein Glas Rotwein. Aber etwas fehlt. Nach links ein Blick aus dem Fenster auf den Hof mit den Mülltonnen: Ein anonymer Nachbar wirft eine Plastiktüte voller Flaschen ins Altpapier. Ich reiße das Fenster auf und schreie: »Sie Pfeife haben gleich doppelt gegen das Gebot der Mülltrennung verstoßen!« Er zeigt mir einen Vogel und geht.

Seit sieben Stunden auf Entzug. Resigniert lasse ich mich in meinen Fernsehsessel sinken und schalte die Kiste ein. Richter Alexander Hold verurteilt gerade jemanden zu vier Jahren und sechs Monaten. Wofür, habe ich nicht mitbekommen. Ich hoffe, es ist wegen unkorrekter Mülltrennung, glaube aber nicht so richtig daran.

Zur Vorgeschichte: Nach langjähriger Zahnarztabstinenz, hervorgerufen durch eine massive Zahnarztphobie, habe ich mich dazu durchringen lassen, aus ästhetischen Gründen nun doch eine Dentistin aufzusuchen und eine Totalsanierung vornehmen zu lassen. Nun trage ich schon seit einiger Zeit fünf provisorische Kronen aus einem plastikähnlichem Material. Die Behandlungskosten nach Implantation der richtigen Kronen würden sich auf 2185 Euro und 4 Cent belaufen. Der Festzuschuss der Krankenkasse liegt bei 785,60 Euro. Bevor aber dieser Zuschuss gewährt wird, musste ich zur Begutachtung, die klären sollte, ob ich das überhaupt wert wäre. Ich wurde in eine Gemeinschaftspraxis in den Wedding zitiert, habe eine Dreiviertelstunde im Wartezimmer gehockt, wurde dann in einen Behandlungsraum geführt, eine Zahnärztin erschien, die sich weder mir vorgestellt hat, noch »Guten Tag« gesagt hat, die mir fünf Minuten ins Maul geschaut hat, ohne ein »Tschüss« verschwunden ist, und dann durfte ich gehen. Wenig später bekam ich den Bescheid, dass der Behandlungsplan mit Einschränkung befürwortet wird. »Einschränkung« bedeutet, dass ich vorher mit dem Rauchen aufhören muss, sagte mir meine richtige Zahnärztin, denn Rauchen greift das Zahnfleisch an, und dadurch können dann auch mal Zähne ausfallen. Und bei so einem Scheiß-Zahnfleisch zahlt die Kasse nichts. Ich werde erpresst.

Ich habe alle Kollegen gefragt: »Würdest Du für 785,60 Euro mit dem Rauchen aufhören?« Die meisten waren sich unschlüssig. Ich versuch's jetzt. Und bin dadurch zu einem lebenden Pulverfass geworden. Wenn mir einer blöd kommt, gibt's womöglich eins in die Fresse. Und was das die Krankenkasse erst kostet, übersieht gar keiner. Wenn ich meine entzugsbedingten Aggressionen rauslasse – das wird richtig teuer. Was sind meine fünf Kronen gegen ein vollständig eingeschlagenes Gebiss? Falls die Schrapnelle aus der Gemeinschaftspraxis im Wedding das liest, sollte sie sich mal darüber Gedanken machen und nicht, wie man möglichst unfreundlich seine krankenkassenhörige Gefälligkeitsarbeit verrichtet.

So. Dampf abgelassen. Seit neun Stunden auf Entzug. Alles aufgeschrieben. Jetzt erst mal eine rauchen.

Blödsinn des Nachts

Immer wieder habe ich den gleichen Albtraum: Ich erhebe mich von der Toilette, ziehe meine Hose hoch, dabei rutscht mein Portemonnaie aus der Gesäßtasche und plumpst ins Klo. Was soll das bedeuten? – Geld ist Kacke? Oder dass ich mein Geld die Toilette runterspüle, also verschwende? Oder, die Situation einmal weitergedacht, dass die Art, meinen Lebensunterhalt zu verdienen, ein Griff ins Klo ist? Ganze Generationen von Psychoanalytikern und Laien haben sich mit Traumdeutung beschäftigt. Es gibt unzählige Bücher darüber. Der oral fixierte Pfeifenraucher Siegmund Freud ist unter anderem damit berühmt geworden. Ich habe im Laufe meines Lebens träumend schon fliegen können, mein Elternhaus in Brand gesteckt, in bekannten Filmen mitgespielt, konnte mich mit Tieren unterhalten, habe mit Verstorbenen geredet und mit einigen Dutzend Frauen geschlafen. Zweimal war ich im Traum auf einer nicht vorhandenen Toilette. Das war nicht schön; aber zweimal in mehr als vierzig Jahren kann man wegstecken. Manche Leute gehen nachts träumend an den Kühlschrank und essen was. Ich nehme mir gelegentlich einen Joghurt oder ein Mettendchen, ab und zu auch einen Schokopudding. Unangenehm ist es nur, wenn man während des Essens im Bett wieder richtig einschläft und die eingespeichelte Puddingmasse aufgrund der nunmehr inaktiven Schluckbewegung aufs Bettlaken rinnt. Ich muss dann immer denken, dass das bekannte Comedy-Duo »Mundstuhl« seinen Namen aus derartigen Erfahrungen hat. Alles andere wäre zu abseitig. Mein Freund Horst hat einmal davon erzählt, dass er sich nachts schlafwandelnd eine Pfanne Salz gebraten und gegessen hat. – Eine sehr unangenehme Vorstellung, die, wenn er sie erzählt, doch immer wieder große Heiterkeit hervorruft. Warum? Komisch ist das schon. Denn Komik funktioniert doch auch immer durch Selbsterkenntnis. Menschen, die das hören, haben ähnliche Erlebnisse gehabt, Salz, Mehl, Zucker oder Paniermehl gegessen des Nachts. Was bedeutet das? Ganz einfach: in allen Fällen trockener Hals und saumäßig Durst nach dem Aufwachen.

Der klassische Traum, von dem immer wieder gesprochen wird, ist, dass man sich nackt in der Öffentlichkeit befindet. In der U-Bahn, Fußgängerzone oder im Einkaufszentrum. Dies drückt naheliegend einen Verlust von Schutz aus. (Abgesehen von einigen wenigen Menschen, die absichtlich nackend herumlaufen und dabei grob fahrlässig andere erschrecken, was nach § 183, Absatz 1, Strafgesetzbuch zu Recht verboten ist.) Noch nirgendwo habe ich gelesen, dass jemand als einziger Angezogener unter lauter Nackten war (was meines Wissens nicht die Bohne strafbar ist). Das wäre mal ein interessanter Traum. Würde das dann bedeuten, dass er ein Höchstmaß an Schutz hat oder einfach nur ein Spanner ist? Auf www.traeume-verstehen.de kann man sich für neun Euro seinen Traum deuten lassen. Andere Leute, wie ich, könnten das dort nachlesen. Aber da steht nur deppertes Zeug, auf das man auch selbst kommen kann. Ein alter Schulfreund von mir, ein Fernsehjournalist, hat mir im letzten Jahr erzählt, er hätte geträumt, Papst Benedikt XVI. hätte bei einer Pressekonferenz gesagt, Gott wäre eine senile Pfeife und ab jetzt hätte er das Sagen. Im Übrigen wäre er, der Papst, unfehlbar, Tyrannenmord seit Caesar eh legitim, jetzt basta und ein Weißbier, aber hurtig. Das ist starker Tobak, aber sind Träume überhaupt zuverlässig? Und nächste Frage: Was für Konsequenzen sind erforderlich? Angenommen – nur mal angenommen, Roland Koch würde träumen, in Hessen wäre die Diktatur eingeführt worden. Ich weiß nicht, ob er das schon mal geträumt hat. Aber wenn, und sein Psychoanalytiker würde das ausplaudern, müsste er dann alle Ämter niederlegen und in eine Anstalt eingeliefert werden? Oder Angela Merkel würde beschwipst verraten, dass sie gelegentlich von Erich Honecker träumt, müsste sie dann zurücktreten? Von Helmut Kohl zu träumen würde man ihr wohl noch durchgehen lassen, wenn es dabei nicht zum Geschlechtsverkehr kommt. Aber wie ich sie einschätze, träumt sie eher auf asexuelle Weise von Guido Westerwelle und/oder Quantenphysik. Damit muss sie selbst klarkommen. So wie ich meinen Albtraum inzwischen prima bewältigt habe. Bevor ich aufs Klo gehe, nehme ich das Portemonnaie aus der Gesäßtasche und kontrolliere vor dem Aufstehen die Tasche sogar noch mal. Dass ich danach meine Geldbörse eine Weile suchen muss, ist eine Alterserscheinung, die man selbstironisch belächeln kann.

Das Phänomen des Wachsens

Von Kindesbeinen an bin ich fasziniert vom Phänomen des Wachsens. Nicht vom eigenen Wachstum, denn sich selbst etwa achtzehn Jahre lang dabei zu beobachten, wie man immer länger wird, kann auf die Dauer ermüdend sein. Zwischendurch kommt kurze Aufmerksamkeit auf, wenn an Stellen, wo das vorher nicht der Fall war, Haare wachsen. Man experimentiert ein wenig mit Bärten herum, nach kurzer Zeit wird es lästig, und mit Abstand betrachtet, erscheint es einem lächerlich bis peinlich.

Was das Heranwachsen angeht, bin ich persönlich begeistert von der Aufzucht von Obst und Gemüse. Man pflanzt eine runzelige, keimende Kartoffel in den Boden, und nach gar nicht langer Zeit hat man wenigstens fünf neue. Man steckt ein paar Bohnensamen in die Erde und zack! hat man jede Menge Büsche mit Dutzenden von Bohnen dran. Der Wahnsinn sind Kürbisse. So ein Kürbis hat Hunderte von Kernen. Davon braucht man nur ein, zwei zu pflanzen und bekommt dafür fünf neue Kürbisse. Aus nur zwei Kernen. Wenn man alle Kerne eines einzigen Kürbisses pflanzen würde, hätte man Tausende. Wahnsinn! Und man muss dafür nur etwas gießen.

Bei Obstbäumen muss man quasi nix machen, außer ab und an mal ein paar Äste beschneiden.

Ich habe jetzt eine Gartenfläche von etwa 800 Quadratmetern. Bei so einer Größe macht das dann doch ganz schön viel Arbeit, aber ich habe in diesem Jahr eine Ernte eingefahren, da kracht einem das Kreuz. Das meiste habe ich verschenken müssen. Man arbeitet tagein, tagaus im Garten, und irgendwann wird man verrückt.

Mein Nachbar hat auf seinem Grundstück außer ein paar Sträuchern nur Rasen. Alle paar Wochen kommt er mit seinem Datsun aus Süddeutschland hergefahren und mäht den Rasen. Wir pflegen regen Kontakt miteinander. Dialoge am Gartenzaun zwischen uns laufen etwa so ab:

»He, Andreas, du hast doch auch Ärger mit dieser Bauaufsichtsbehörde in Königswusterhausen.«

»Ja, hab ich.«

»Haben die mir doch 'ne Mahnung wegen meinem Wohnwagen ins Haus geschickt! Saach ma, sind die denn bescheuert? Ja, sind die denn bescheuert? Ich frage dich: Die sind doch wohl bescheuert. Ich sag dir, die sind bescheuert.«

»Ja, Hans, die sind hochgradig bescheuert.«

»Ach, hör mir uff«, sagt er und geht wieder zu seinem Rasenmäher.

Hans wird auch langsam verrückt. Als über die Ausländerhetzjagd in Mügeln in der Zeitung zu lesen war, kam er zu mir an den Zaun und sagte ganz leise und verschwörerisch: »Du bist doch gebildet. Nu pass mal auf. Ich hab mir überlegt: Dass die Nazis damals braune Uniformen getragen haben, lag das vielleicht an Hitlers Freundin Eva Braun? Hitler hat überlegt, welche Farbe die Naziuniformen haben sollten, und dann hat er an Eva gedacht. Das wär doch mal interessant: Wer war zuerst da? Die Uniformen oder Eva?« Ich konnte ihm da nicht weiterhelfen. Hans ist nun auch schon Ende siebzig und dreht langsam ab. Jetzt will er alles abstoßen, und das ist wahrscheinlich auch besser so. Wenn man den ganzen Tag Rasen mäht, Unkraut jätet und Pflanzen pflegt, dann geht einem aller möglicher Mist durch den Kopf, und man versucht, irgendwie noch einen zusätzlichen Kick dabei herauszuholen.

In Brandenburg hatte ein Hobbygärtner bereits Anfang Juli einen Kürbis, der eine halbe Tonne wog. Er wollte damit ins Guinnessbuch der Rekorde. Alle anderen Blüten hat er abgeschnitten und die Triebe gestutzt, damit die ganze Kraft in diesen einen Kürbis läuft. Er schützt die Frucht vor Regen, Wind und Schnecken. Er lebt nur für diesen einen Kürbis. Und würde diesen die Fäulnis befallen, wäre sein Leben nur noch ein Trümmerhaufen. Niemals würde er den Kürbis essen, stand in der Zeitung. Aber was dann? Er könnte das Ding ausstopfen lassen und dem Heimatmuseum stiften. Die Kerne könnte er verkaufen als Superkürbissamen und sich damit zur Ruhe setzen. Aber solche Leute wollen immer mehr, sie sind ruhelos, denn irgendwo auf der Welt könnte jemand an einem noch größeren Kürbis gärtnern. Natürlich einem Einzelkürbis, umhegt, umpflegt und mit Dünger vollgestopft, bis er fast platzt. Aber nur fast, denn wenn er wirklich platzt, hat der Gärtner keine Freude mehr am Leben und siecht antriebslos seinem Ende entgegen, weil er verrückt geworden ist.

Ich bekomme acht Kürbisse in normaler Größe. Da ist nichts mehr zu holen. Aber ich habe einen großen Birnbaum. Nach zwei Tagen habe ich mit der Gartenschere alle Blüten und aufkeimenden Birnen entfernt bis auf eine. Es ist ein fünf Meter hoher Baum. Viel Kraft, die in die eine Birne fahren kann.

Latein, Literatur und die Arbeitswelt

Man war nie darauf vorbereitet. Er kam, sah und siegte. Wir standen auf, er deklamierte: »Salvete, discipuli discipulaeque!«, wir antworteten: »Salve, o magister!«, er befahl:

»Considite!«, und wir setzten uns hin. Und dann, manchmal, in unregelmäßigen Abständen, hieß es: »Zettel raus, Name, Klasse, Rand, Datum.« Dann war ein Vokabeltest fällig. Mein Lateinlehrer in der siebten und achten Klasse hieß Tim Schäfer, roch immer schrecklich nach einem sehr süßlichen Rasierwasser, hatte zwei große Hunde und wohnte in einem Gütersloher Außenbezirk. Und wenn er nicht gerade Vokabeltests veranstaltete, blätterte er in einem ominösen Büchlein, murmelte: »Wen wollen wir denn heute mal zwacken?«, und fragte die Hausaufgaben ab. Wenn ich drankam, sagte er nicht Andreas zu mir, sondern nannte mich »mein Fast-Namensvetter«. Das machte ihn fast schon sympathisch. Lateinlehrer sind nicht per se Arschlöcher. Gut, in der neunten Klasse hatte ich Winfried Liske, einen ehemaligen Bundeswehrleutnant, und bei dem muss ich überlegen, ob es noch eine Steigerung von Arschloch gibt. Ich habe recherchiert: Mistbock, Scheißkerl, Kacksack, Bierverschütter und Echsengezücht wurden mir da angeboten. Alles trifft auf Winfried Liske zu. Ab der Zehnten aber hatte ich Jobst Winkelbrandt in Latein. Und Jobst Winkelbrandt war der gütigste Lehrer, den ich kannte. Er gab mir eine Sondererlaubnis, zum Rauchen das Schulgelände zu verlassen, um die Jüngeren nicht zu animieren, obwohl er strikter Nichtraucher war. Und ich bekam mein großes Latinum mit Drei.

Das hat mir nichts genützt. Heutzutage gibt es noch nicht mal mehr ein großes Latinum. Es gibt nur noch ein Latinum. Ob unsereins es in groß oder klein hat, schert keine Sau. Ein halbes Jahr länger habe ich Latein gelernt, um von klein auf groß zu kommen. Ich habe »De bello Gallico« von Gaius Julius Caesar gelesen. Letzten Endes für nichts. »Gallia est omnis divisa in partes tres.« – Der erste Satz. Kennt den noch jemand? – Warum auch. Ist Frankreich noch heute in drei Teile zergliedert? Ich habe darauf verzichtet, Französisch zu lernen, weil mir mit Englisch und Latein zwei Fremdsprachen reichten. Aber mit wem kann ich mich heute auf Lateinisch unterhalten? Vielleicht mit dem Papst. Aber erstens will der sich wahrscheinlich nicht mit mir unterhalten. Und zweitens habe ich das heute nicht mehr so flüssig drauf. War ja auch nur eine Drei. Und ich glaube, selbst die Einser könnten sich nicht auf Latein mit dem Papst unterhalten. Wär ja auch Blödsinn, weil er Deutsch kann.

Warum erzähle ich das überhaupt? – Weil ein Kollege letztens von seinem Klassentreffen berichtet hat. Ich habe bald ebenfalls Klassentreffen. Nach 21 Jahren. Da werden sicher alte Geschichten erzählt. Die gehen mir durch den Kopf. Tim Schäfer mit seinem Parfüm, der blöde Winfried Liske und der nette Jobst Winkelbrandt. Und natürlich frage ich mich, was aus den ganzen Schulkolleginnen und -kollegen geworden ist. Und vor allem frage ich mich, ob vielleicht einer oder eine davon ein Handwerk gelernt hat. Abitur gemacht, aber nicht studiert. »Püh, ich habe mein Abitur, aber warum muss ich jetzt automatisch studieren?« – Ich glaube, das sitzt in Gütersloh nicht drin. »Ich hab Abitur, aber jetzt bin ich Schlosser bei den Stadtwerken. Und ich bin glücklich.« Nein, das sitzt nicht drin in Gütersloh. Schon gar nicht, wenn man auf einem angeblichen Elitegymnasium Nordrhein-Westfalens war. Da macht man vor dem BWL- oder Jurastudium höchstens eine Lehre zum Bank- oder Industriekaufmann, weil die Eltern wollen, dass man etwas Solides gelernt hat, bevor man beim Studieren in einer großen Stadt möglicherweise verlottert.

Ich bin gespannt, auf wie viele Schnösel ich treffe beim Klassentreffen; vorausgesetzt, ich fahre überhaupt hin. Zwei Kolleginnen, eine davon aus meinem Deutsch-Leistungskurs, haben in Japan studiert; einer ist Redakteur beim ZDF, einer ist Anwalt und wohnt bei mir um die Ecke, ohne dass ich ihn jemals getroffen hätte. Sind die Schnösel geworden? Die Tendenz gab es damals schon. Eine ist Pfarrerin geworden und wohnt noch immer in Gütersloh. Die ist bestimmt nicht schnöselig. Aber einen Handwerker oder eine Handwerkerin unter meinen Jahrgangstufenkollegen, das fände ich klasse. Denn eigentlich, im Nachhinein betrachtet, wäre ich besser auch Handwerker geworden. Tischler. Freiberuflich natürlich. Denn nebenbei würde ich selbstverständlich auch weiter Geschichten schreiben. Und nur dann tischlern, wenn es nötig wäre. Mit so einem Tischler beim Klassentreffen würde ich mich gern an einen Tisch setzen, mit ihm ohne Ende Korn trinken und über Holzarbeiten fabulieren. Andererseits: Ist das nicht auch schnöselig? Denn an sich laufe ich unter der Rubrik »Intellektueller«. In meiner großzügig bemessenen Freizeit handwerke ich sehr viel. Aber für die richtigen, die gelernten Maurer, Elektriker, Gärtner und Tischler bin ich doch der vergeistigte Schriftsteller. Ich würde mich beim einfachen Arbeiter anbiedern. Er würde es vielleicht als herablassend auffassen. Aber wenn der Zimmermann, der in Groß Köris mein Dach macht, dem ich seine halbwegs ehrliche Arbeit bezahle, wenn der wüsste, dass er ein x-mal höheres Einkommen hat als ich, dann würde er sich wohl ein Loch in den Bauch freuen und mich nach Abschluss seines Werkes vielleicht zum Bier einladen. Er würde sagen: »So, das Dach ist dicht.« Und ich würde ergänzen: »Iucundi acti labores sunt. – Angenehm sind die getanen Arbeiten.«

Ab zwölf ist in Ordnung

Sein Bier alleine zu trinken sei keine gute Sache, führe zu Alkoholismus und mache im Übrigen keinen guten Eindruck, meinen viele. Unter anderem auch unser guter Nachbar Bodo. Als ich Bodo kennenlernte, hatte er den Grundsatz: »Kein Bier vor Einbruch der Dunkelheit.« Später ist er zu »Kein Bier vor vier« übergegangen. Der letzte Stand ist: »Ab zwölf ist in Ordnung.«

Ich habe gerade die Zeitung ausgelesen, es ist gegen elf, da klopft es an der Terrassentür. Ich öffne, Bodo strahlt mich an und sagt: »Ich hatte gerade Lust auf ein Bier, und alleine soll man ja nicht trinken. Haste eins da?« – Eine überflüssige Frage, denn mittlerweile müsste Bodo wissen, dass ich immer Bier im Haus habe. Die Frage, ob ich auch eins trinken möchte, stellt sich nicht. Wir setzen uns, stoßen an, und er erzählt von einem Richtfest, wo es wohl sehr hoch hergegangen sei. Das Hausbesitzerpaar habe sich aufgrund ausschweifender Flirtereien der Bauherrin so heftig in die Haare gekriegt, dass eine baldige Trennung zu erwarten sei. Das habe er schon oft erlebt, sagt Bodo, dass sich Ehepaare, kaum hätten sie zusammen ein Haus gebaut, getrennt hätten. Ich sage, dümmer könne es ja nun kaum laufen, und überlege, was ich jetzt mal erzählen könnte, so gemütlich beim Bier am Vormittag. Bodo weiß immer so viele Geschichten, da muss ich jetzt auch mal ran.

Ich könnte von meinem Abiturjahrgangstreffen berichten.

Was hört man nicht alles, wenn man die vierzig überschritten hat, von diesen Abitur-Jubiläumstreffen! Ein Kollege hatte vor kurzer Zeit sein 25. in einem schleswig-holsteinischen Mittelzentrum und war sehr unzufrieden über die allgemeine Zufriedenheit unter seinen Ex-Mitschülerinnen und Mitschülern. Alle waren saturiert, hatten sichere Gehälter und waren abenteuerunlustig. Der Kollege war entsetzt, weil er genauso war, und ist in eine Krise gestolpert. Jetzt ist wieder alles gut, aber ich war gespannt, wie es bei mir sein würde.

Das Organisationskomitee und ich, der als ehemaliger Jahrgangsstufensprecher eine Ansprache halten sollte, treffen uns schon eine Stunde vor dem offiziellen Beginn neben dem Schulhof zu ein paar Flaschen Prosecco. Auf dem Schulhof ist sowohl Alkohol- als auch Zigarettenkonsum verboten. Wir sind sehr locker, gelöst und vertraut, als hätten wir uns erst seit nur einer Woche nicht gesehen. Meine alte, kumpelhafte Freundin Frauke, die heute Pastorin am Ort ist, stürzt auf mich zu und küsst mich erst mal ab. Ich bin überrascht, aber nicht brüskiert. Frauke erklärt, sie werde den ganzen Abend nicht von meiner Seite weichen, und das wird sie auch in etwa hinkriegen. Nach und nach treffen die anderen ein. Manche erkennt man sofort wieder, andere sind so gealtert, dass man denkt, sie hätten ihren Vater beziehungsweise ihre Mutter geschickt.

Es folgt die obligate Schulführung durch den stellvertretenden Schuldirektor Kerber, der seinerzeit als mein Sozialkundelehrer das Gossensche Gesetz damit zu erklären versucht hatte, indem er fragte: »Wie viel Bier muss der Kerber trinken, bis der Grenznutzen erreicht ist?« Ich habe das Gossensche Gesetz nie verstanden. Die Lokalzeitung schießt ein Foto von uns, wir brechen auf zum Festsaal etwas außerhalb des ostwestfälischen Mittelzentrums.

Wir sind etwa achtzig Leute, dazu einige Lehrer, alle haben 50 Euro bezahlt und können nun konsumieren bis zum Umfallen. Flatrate. Ein opulentes Buffet, Sekt, Wein, Bier und *Ramazotti*. Nach der drögen Schulführung wollen fast alle erst mal Sekt. Stefan, zu meiner Zeit Schülersprecher, der damals stinksauer war, dass ich als Jahrgangsstufensprecher die Abirede halten durfte, bringt mir einen Schnaps. Er hat eine Gruppe der damaligen internen Schülervertretung um sich geschart. Ich war zur gleichen Zeit Öffentlichkeitsreferent der Bezirksschülervertretung, also quasi eine Stufe über ihm, sein Vorgesetzter. Ein Organisator kommt auf mich zu und sagt, es wäre jetzt Zeit für meine Rede. »Ansprache«, sage ich, »ich halte keine Rede, nur eine kurze Ansprache!« Stefan bringt mir noch einen *Ramazotti*. Ich überlege kurz, ob er mich besoffen machen will, aber da kennt er mich schlecht. Ich kann einiges wegstecken. Ich bin kein Freund von Wettsaufereien, aber heute ist ein besonderer Tag. Und wenn er noch eine Rechnung mit mir offen haben sollte … Björn, der Organisator, geht ans Mikrofon und kündigt eine Rede von unserem Jahrgangsstufensprecher Andreas Scheffler an. Ich sage: »Nee, keine Rede, nur eine kurze Ansprache, um die ich gebeten wurde.« Also spreche ich von alten Zeiten, streue ein paar Anekdoten ein und warne lustig vor ausschweifendem Alkoholgenuss und drohendem Ehebruch an solchen Abenden. Die meisten hören zu, Stefan steht mit seinen SV-Kollegen hinten in einer Gruppe. Die hören nicht zu, sondern grölen den Ton-Steine-Scherben-Titel »Die letzte Schlacht gewinnen wir«. Ich komme zum Ende, höflicher Applaus, Frauke kommt auf mich zu, umarmt mich, küsst mich ab und sagt, meine Rede sei allerliebst gewesen.

Jetzt wird gegessen, als gäbe es kein Morgen mehr. Mitten in das Getafele platzt Ottmar aus meinem Deutsch-Leistungskurs. Er trägt ein Paillettenkleid, ist merkbar angetrunken und verkündet lautstark: »Jawoll, ich bin eine Tunte! Das habt ihr doch schon immer gedacht!« Die Hälfte schweigt, die andere lacht brüllend. Alex steht auf, steigt auf einen Tisch, tritt dabei ein Weinglas um und ruft: »Wo wir schon mal dabei sind: Ich bin auch schwul!« Vier Weitere outen sich im Anschluss. Ich habe genug gegessen, nehme noch einen *Ramazotti* und betrete anschließend die Toilette, wo ich ein zweistimmiges Stöhnen aus einer der Kabinen vernehme.

Ich kehre zurück in den Saal, man geht umher, spricht mit dem und der. Frauke, die vor der Toilette auf mich gewartet hat, weicht mir, wie angekündigt, nicht von der Seite und hängt sich gelegentlich um meinen Hals. In einem ruhigen Moment erklärt sie mir, dass sie schon immer und immer noch in mich verliebt wäre. Ihr Mann wisse das übrigens. Dann nimmt sie meine Hand und drückt sie an ihre Brust. Mensch – die ostwestfälischen Pastorinnen!

Im Eingangsbereich entsteht plötzlich ein Tumult. Ein Späteingetroffener aus Stefans Truppe hat offenbar eine Palette Dosenbier mitgebracht, und die Gruppe veranstaltet gerade als Reminiszenz an alte Zeiten Bierschießen. Alle sind aus der Übung, manche husten, einige kotzen in den Saal. Am anderen Ende schreit eine Exschülerin ihren Lehrer an, er habe sie immer getriezt bis aufs Blut und sie hasse ihn heute noch. Der Lehrer verlässt schnell die Veranstaltung, die Exschülerin, jetzt Buchhändlerin, bricht in hysterisches Geheule aus. Ich gehe vor die Tür und taumele in eine Schlägerei. Sven, wie ich später erfahre, hat Karsten vor die Tür gebeten, weil der ihn in der Mittelstufe nie habe abschreiben lassen.

So ist das. Wir sind jetzt alle Anfang 40. Die Pubertät damals war schon schlimm. Und nun die Midlife-Crisis. Was schlimmer ist, ist schwer zu sagen. Heute ist Ausnahmetag: Es wird gesoffen bis zum Gehtnichtmehr, es wird geheult, geschimpft und geschlagen, es wird geküsst und fremdgevögelt. Am nächsten Tag fahren alle wieder nach Hause, und es ist hoffentlich alles gut.

So habe ich das Bodo nach drei Bieren erzählt. Und Bodo fand es spannend. Hinterher haben wir noch einen Wodka zusammen getrunken und sind wieder unserer Arbeit nachgegangen. Zum Abschied hat er gesagt: »Das nächste Bier trinken wir bei mir.« – »Gern«, habe ich gesagt. Aber ich werde ihm nie erzählen, dass das alles erstunken und erlogen war. In Wahrheit war es großartig.

Bei uns aufm Dorf

Prolog:
»Schlüssel wieder da. Wildau / Das war wie ein nachträgliches Geburtstagsgeschenk für Werner Hoppe. Einen Tag nach seinem 64. Geburtstag fand der Wildauer ein wichtiges Schlüsselbund wieder, das er vor drei Wochen verloren hatte.« *Märkische Allgemeine Zeitung*, 10.03.2009

Egal, welches Wetter – bei Sonnenaufgang kräht der Hahn schräg gegenüber. Dann weiß ich, es ist Zeit aufzustehen. Ich gehe zum Fenster und sehe, wie der blöde Hahn von Schmidtkes auf seinem Misthaufen thront und angibt, als wäre er der

Bürgermeister. Meine Frau ist schon länger wach und hat inzwischen Eier und frische Milch vom Bauern geholt. Die Katze schleicht um den Küchentisch, während wir uns selbst gemachte Marmelade aus dem eigenen Garten auf das selbst gebackene Brot schmieren. Den Tisch habe ich übrigens selbst aus gut abgelagerten Birkenbrettern gezimmert, die mir der Förster für eine Flasche Selbstgebrannten überlassen hat. Bald ist es Zeit, unsere zwei Schafe zu füttern. Die Nachbarn sagen, wir würden Polly und Nelly verwöhnen, aber unsereins wollte auch nicht immer nur Gras fressen. Also kriegen die beiden auch immer eine Handvoll selbst geernteter Mohrrüben. Nicht mehr lange, dann müssen sie geschoren werden. Auf dem Flohmarkt haben wir ein Spinnrad gekauft, und Sabine übt unter Anleitung der alten Frau Breugel schon fleißig das Spinnen. Im nächsten Winter werden wir selbst gestrickte Pullover aus selbst geschorener und selbst gesponnener Wolle haben. Die kratzt zwar ein bisschen, aber der Mensch gewöhnt sich an alles.

Nachdem ich ein wenig mit den Schafen gesprochen habe, mache ich mich daran, ein Stück Land umzugraben, denn jetzt müssen dringend die Saatkartoffeln gesetzt werden. Von Schmidtke habe ich zum Düngen einige Schubkarren Mist geholt. Der stinkt bestialisch, denn Schmidtke hat nebenberuflich ein paar Schweine. Wer sich im Dörflichen auskennt, weiß, dass Schweinemist von allen Mistsorten den übelsten Geruch hat. Pferdemist wäre gut, aber der Kremserunternehmer Scholz rückt mit seinen Äppeln nicht raus. Zwei Stunden später kommt der Briefträger angeradelt, und ich bin froh, dass ich eine Pause machen kann. Die Kinder nennen ihn »Onkel Heini«, obwohl er eigentlich Karsten Olschewski heißt. Man hat mir erzählt, »Onkel Heini« werde er genannt, weil einige Frauen im Dorf bei seiner Ankunft immer stöhnen würden: »Jetzt kommt schon wieder dieser Heini auf einen Schnaps vorbei!« Meiner Frau macht das nichts aus. Karsten und ich nehmen auf der selbst restaurierten Gartenbank Platz, und schon kommt Sabine mit einer Flasche Mirabellenschnaps aus eigener Herstellung und zwei Pinnchen zu uns. Unser Postbote ist schon nicht mehr ganz nüchtern, denn wir waren sicher nicht die erste Zwischenstation auf seiner Tour. Wir stoßen an, und ich frage ihn, wie fast jeden Tag, nach den neuesten Neuigkeiten. Karsten lässt sich nicht lange bitten. Der Franz Wilting wäre jetzt in die Anstalt gekommen. Ich wüsste doch, der Alte mit nur noch einem Zahn, der immer mit der Schnapsflasche vor dem Sparmarkt gestanden hätte. Nachdem ihn seine Frau Gertrud, »eine feine Frau«, rausgeschmissen hätte wegen dem Suff, hätte er jeden Nachmittag, wenn er so richtig dicht gewesen wäre, vor ihrem Haus krakeelt, er wolle rein. Aber da kannte sie nichts. Die Nachbarn hätten das nicht mehr ausgehalten, und der alte Krumbiegel, obwohl der ja beinahe stocktaub sei, wäre dann zum Bürgermeister gelaufen. Und der wiederum hätte dafür gesorgt, dass der Franz in die Anstalt gekommen sei. »Ist wohl auch besser so«, schließt unser Postbote seine Erzählung. Ich biete ihm noch einen Schnaps an, doch er winkt ab. Er wäre ja mit seiner Tour noch nicht durch, sagt er, grinst, steigt auf sein Rad und fährt pfeilgerade den Sandweg entlang. »Ach, am Wochenende ist Feuerwehrfest! Kommt er?«, ruft Karsten noch. »Aber hallo!«, rufe ich zurück, und er nickt. Wir haben zwar vor ein paar Wochen Brüderschaft getrunken, aber er bringt es einfach nicht fertig, mich normal mit »du« anzureden.

Wir haben schon einige Käuze aufm Dorf. Natürlich nur, wenn man der Munkelei glauben darf. Da ist der etwas abseits wohnende Bauer Melzer, der es angeblich mit seinen Hühnern treibt. Sein Eierverkauf floriert trotzdem. Die langjährige Witwe Bäcker, die seit dem mysteriösen Tod ihres Gatten vier Liebhaber hatte, die alle irgendwann verschwunden waren. Manche wollen ein ums andere Mal in ihrem Schuppen des Nachts Grabegeräusche gehört haben. Der ledige Herr Jablonski, Mitte fünfzig ist angeblich schwul, weil er auf dem Schützenfest vor fünf Jahren sturzbetrunken im Zuge des Bruderschaft-Trinkens mit dem Bauausschussvorsitzenden beim besiegelnden Küsschen die Zunge eingesetzt habe. Der alte Uhrmacher Steinheim hat dem Vernehmen nach magische Kräfte und kann, wenn er will, bei den ihm in Reparatur gegebenen Uhren die Lebenszeit des Besitzers eingeben. Und der Förster, so sagt man, habe den letzten Waldbrand im Spätsommer verschuldet, weil er mit seinen Kumpels einen Wettbewerb veranstaltet habe, wer nach einer ausgiebigen Mahlzeit gebackener Bohnen beim Fürze-Anzünden die größte Stichflamme hinkriegt. Außerdem soll er angeblich illegal einen »Neger« beschäftigen, der aber nur nachts arbeitet, weil man ihn dann nicht sehen würde.

Ich lebe mich hier allmählich ein. Am Freitag gehe ich in den Dorfkrug. Dort werden einmal in der Woche immer Filme gezeigt. Mit einem 16-Millimeter-Projektor auf ein Bettlaken projiziert. In dieser Woche gibt es »Spur der Steine« mit Manne Krug. Am Samstag ist Feuerwehrfest. Da darf es nicht brennen, denn alle Einsatzkräfte sind schon nach kurzer Zeit hackevoll. Und nebenbei kriege ich von Karsten, dem Postboten, zu hören, dass in dem Dorf so ein Dichter wie ich noch gefehlt habe. Aber so was von! »Ja«, sage ich, »selbst gemachte Literatur ist schon was Besonderes.« – Und wenn das, was ich gerade erzählt habe, alles wahr ist, dann bin ich hier genau richtig.

3 GUTER WILLE

Das Fest der Brüskierungen

Nach mehreren *Jägermeistern* mit Tante Frieda, die zu der Zeit auch schon ihre fünfundachtzig Jahre auf dem Buckel hatte; nach ihrer Aussage, was man habe, sei nicht so wichtig, Hauptsache, man bleibe gesund; und nach ihrem anschließenden lebhaften Ausruf: »Für uns geht die Sonne nicht unter!«, bin ich zu der Auffassung gelangt, dass die nachfolgend geschilderten Ereignisse der Öffentlichkeit nicht vorenthalten werden sollten.

Es begann wie in jedem Jahr am 26. Dezember: Die Familie versammelt sich zum Weihnachtsfest bei den Eltern. Sabine und ich, meine zwei älteren Brüder, Stefan und Jochen, mit ihren Frauen, ein Paar hat seine beiden kleinen Kinder dabei. Nach dem Kaffeetrinken schreitet man zur Bescherung. »Oh du fröhliche« und »Leise rieselt der Schnee« werden kakofon heruntergebrummt oder hochsopraniert, dann geht es zur Sache. Die Eltern werden gegen ihren Willen mit einem großen Geschenk beglückt, denn die Kinder haben zusammengelegt. Die Eltern ihrerseits überreichen Briefumschläge mit Bargeld; die beiden Kleinen bekommen jede Menge Spielsachen. Dann beschenken sich für gewöhnlich die Geschwister. Bruder Stefan verdient überdurchschnittlich viel Geld, entsprechend fallen seine Geschenke aus. Unsereins kann da nicht mitstinken und fühlt sich brüskiert. Der soziale Status lässt sich auch am materiellen Wert der Geschenke ablesen. – So sollte es dieses Jahr nicht sein. Wir Geschwister verabredeten, uns an diesem Weihnachten gegenseitig nichts zu schenken.

Alles ging los wie gewohnt: Kaffeetrinken, Gesinge, Gabe an die Eltern, Geschenke für die Kleinen. Anschließend gemütliches Beisammensitzen. Mit einem Mal rief Jochen: »Was ist denn das da?« Auf einem Beistelltischchen standen zwei längliche Weidenkörbchen mit Deckel und zwei flache, in Geschenkpapier eingewickelte Dinge. Stefan räusperte sich: »Das ist für euch.« – »Was!, wir hatten doch ...« – »Das sind gar keine Geschenke. Packt doch erst mal aus.« Mit finsterer Miene gingen wir auf die Nicht-Geschenke zu. »Ich bin gar nicht brüskiert«, grummelte Jochen. »Kein Stück brüskiert«, ergänzte ich. Zum Vorschein kamen je eine edle *Magnum*-Flasche Sekt und für jedes Paar ein luxuriöser Wandkalender. Einmal Argentinien, einmal Neuseeland – Urlaubsorte, die wir uns nie leisten könnten. »Tcha, was soll man dazu sagen? Besten Dank.« Bei mir stellte sich leichtes Magendrücken ein. »Das sind bloß Werbegeschenke aus der Firma«, erklärte Stefan schnell, doch es nützte nichts. Vater bot einen *Jägermeister* an, und wir sagten nicht Nein.

Die nun folgenden Begebenheiten musste ich am nächsten Tag rekapitulieren. Es spielte sich in etwa so ab: Jochen nahm Blickkontakt mit seiner Frau auf und sagte: »Claudia, holst du mal ...« Claudia verschwand für kurze Zeit und kam dann mit zwei Paketen zurück. Bevor Stefan und ich protestieren konnten, hatten wir beide eine Brüskierung in der Hand. Für ihn und Frauke gab es einen Schnellkochtopf, Sabine und ich bekamen ein sechsteiliges Fischbesteck von WMF. – »Danke.« Ich fühlte mich gedemütigt, trank noch einen *Jägermeister* und begann zu schwitzen. »Ich gehe dann mal eben nach oben«, sagte ich und holte meine Pakete aus dem Gästezimmer. Einen riesigen CD-Ständer und die Gesamtausgabe von Robert Louis Stevenson. Nun schwitzten auch die Geschwister. Ich grinste, Jochen nahm sich ein *Rennie* und Stefan rief, dass das ja wohl die Höhe wäre, gerade wenn man mein Einkommen bedenke. Mein Blick verfinsterte sich und war nahe an der Fähigkeit zu töten. »Man schenkt sich immer viel zu viel«, meinte Vater. »Ja, ja, ja«, stöhnte Jochen fahrig, sprang plötzlich auf und zerrte Mutter in die Küche. Er nötigte sie, ihm mehrere Flaschen Wein zu verkaufen, und verschenkte diese an die anderen. – Eine Verzweiflungstat. Sofort darauf stürzte Stefan aus dem Zimmer zu seinem Auto, kam mit mehreren CDs zurück und verteilte diese. Mir entglitt die Realität. Ich lief in Sabines und mein Zimmer und kam mit einer dicken Willy-Brandt-Biografie, die ich mir zum Lesen mitgebracht hatte, sowie einem Paar von Sabines Ohrringen zurück. Resignation machte sich breit. Alle tranken stumm Bier, Wein und *Jägermeister*. Vater sagte: »Ihr habt sie ja wohl nicht mehr alle.« Mutter weinte still in sich hinein: »Das meint ihr doch wohl nicht ernst.« – »Todernst!«, brüllte ich. »Noch nie habe ich etwas so ernst gemeint!«, schrie Jochen. Stefan dagegen stand ruhig auf mit umwölktem Hirn und übergab Jochen seine Autoschlüssel. »Wir haben ja noch eins«, flüsterte er. Mir übergab er seine EC-Karte mit der Geheimnummer. »Nimm dir, was du brauchst. Sollst auch nicht leben wie ein Hund.«

Erschöpft sanken wir alle in unsere Sessel zurück. Jochen und ich starrten mit erloschenen Augen ins Leere. Stefan thronte entspannt in seinem Möbel, die Arme auf den Sessellehnen, und lächelte. Er hatte wieder gewonnen.

Und mir war ein weiteres Mal klar geworden, dass die ungleichgewichtige Verteilung von Barvermögen, Mobilien und Immobilien zu nichts Gutem führt.

Zynismus im Supermarkt

Ich stehe im *Kaiser's* an der Kasse und fühle mich elend. So richtig beschissen. Und das kann auch jeder sehen. Bevor ich die Wohnung verlassen habe, um schnell das Wichtigste einzukaufen, habe ich einen Blick in den Flurspiegel geworfen. Die Haare kleben, feucht von kaltem Schweiß, am Schädel, in dessen Inneren eine plumpe Masse zu wabern scheint. Die Augen stieren stumpf vor sich hin. Alle fünf Minuten muss ich mich schnäuzen. Und der kontrollierende Blick ins Taschentuch zeigt nichts Gutes: zäh und gelb-grünlich. Immer wieder schüttelt mich ein Hustenkrampf. Wäre ich ein Tier, würde der Arzt erwägen, mich einzuschläfern. Kurz: Ich bin ein Bild des Jammers.

Die anderen Kunden in der Warteschlange halten Abstand zu mir, und das zu Recht. Ich bin eine Virenschleuder, ein akuter Krankheitsherd. Und das in Zeiten der gerade akuten hysterieauslösenden Tiergrippe. Dann bin ich an der Reihe. Meine Waren werden eingescannt, ich lege meine Kundenkarte vor, ich zahle, nehme Treueherzen entgegen und sage: »Tschüss.« Die Kassiererin entgegnet: »Tschüss und schönen Tag noch.«

Hat man je etwas Zynischeres gehört? Ich möchte schreien: »Sind Sie blind? Ich hatte bis jetzt keinen schönen Tag. Es war ein richtiger Scheißtag. Und es ist kaum zu erwarten, dass ich heute noch einen schönen Tag haben werde. Möglicherweise werde ich heute noch sterben. Und wenn nicht, werde ich in der Nacht ewig wach liegen, mich von einer Seite auf die andere wälzen und mindestens einmal in der Stunde das Oberbett wenden, weil es nassgeschwitzt ist. Nein, ein schöner Tag wird das ganz bestimmt nicht mehr. Sollte aber doch eine Wunderheilung eintreten, werde ich in Zukunft ausschließlich bei Ihnen bezahlen. Und jedes Mal das Doppelte.«

Tatsächlich rufe ich das natürlich nicht. Denn erstens bin ich dazu viel zu schwach, und zweitens kann die Kassiererin ja gar nichts dafür. Es steht nämlich in ihrem Arbeitsvertrag, dass sie jeden Kunden, ohne Ansehen der Person, mit »Schönen Tag noch« verabschieden muss. Sollte sie es einmal vergessen und der Filialleiter bekommt dies mit oder eine missgünstige Kollegin würde sie denunzieren, wäre sofort eine Abmahnung fällig, und spätestens beim dritten Mal würde sie entlassen und müsste am Arkonaplatz für einen Euro Laub harken oder Hundekacke aufsammeln. Nein, Kassiererinnen haben es auch nicht leicht.

Früher habe ich auf die Verabschiedungsfloskel geantwortet: »Danke. Das wünsche ich Ihnen auch«, bis ich mir dachte, dass dies genauso abwegig ist, wie es einem Sterbenden zu wünschen. Die Kassiererin wird in den nächsten Stunden auf keinen Fall einen schönen Tag haben. Da kann man noch so viel wünschen. Sie leistet eine stupide Arbeit in einem unterbezahlten Job, muss zu allen stinkstiefeligen Kunden möglichst freundlich sein, über schreiende Terrorkinder, die ihren Schokoriegel schon im Laden gegessen haben, hinwegsehen, sich oft ärgern und kriegt früher oder später Probleme mit dem Magen und den Bandscheiben. Ab und zu darf sie mal zur Abwechslung Waren in Regale einsortieren oder bei der Flaschenannahme aushelfen.

In der Gegend, in der ich aufgewachsen bin, sagte man als Abschiedsgruß meistens »Bis die Tage«. Das ist kurz und freundlich und sagt aus, dass man den anderen gern in Kürze wiedersehen möchte. Aber hier, wie auch im Einzel- oder Fachhandel: »Schönen Tag noch.« Ich sage jetzt einfach nur »Danke.« Oder, wenn ich gut gelaunt bin: »Das wünsche ich Ihnen auch. Im Rahmen Ihrer Möglichkeiten.« Daraufhin folgt meistens ein sich gegenseitiges Anlächeln, das schon fast an Kumpanei grenzt. Heute aber habe ich schlechte Laune und antworte: »Und Ihnen noch einen tollen Arbeitstag.« Den wird sie nicht haben, genauso wenig, wie ich mich heute noch über etwas freuen werde, außer über diese meine scharfzüngige Replik.

Der Verkäufer des Monats

Nach Jahren war ich mal wieder alleine in eine Kneipe gegangen. Ich wollte nicht einsam vor dem Fernseher sitzen und mich besaufen. Ich hatte Frühjahrsdepressionen, einen Haufen Schulden, Hautausschlag an der linken Wade, und meine Frau war auf Dienstreise. Mir war zum Heulen zumute. Die Kneipe war brechend voll. Hier durfte man rauchen. An einer Ecke des Tresens stand eine große Sammelbüchse mit der Aufschrift »Für Bußgelder«. Die Raucher steckten fast alle, bevor sie gingen, einen Schein da rein. In einer Ecke des Schankraums war knapp unterhalb der Decke ein Regalbrett angebracht. Darauf stand ein Fernseher, und es lief Premiere mit der 1. Fußball-Bundesliga. Ich setzte mich an den Tresen neben einen dicken Mann in den Vierzigern. Ich war nicht dick, aber auch in den Vierzigern. Ich hatte seit Kurzem Schulden und rauchte immer noch. Ich bestellte mir ein Bier für 4 Euro, das ich zu Hause für 59 Cent hätte haben können. Ich zündete mir eine Zigarette an, war verantwortungslos, und mir war zum Heulen zumute. Der dicke Mann neben mir drehte sich in meine Richtung. Er war schon etwas angeschlagen und hatte feuchte Augen.

»Trinken Sie einen Schnaps mit mir? Ich geb einen aus.«

»Da sag ich nicht Nein«, sagte ich und war auch nahe dran, feuchte Augen zu bekommen.

Wir bekamen jeder einen doppelten Wodka, er hob das Glas und sagte: »Auf die Vergangenheit.«

Ich stieß etwas verblüfft mit ihm an und sagte ebenfalls: »Ja, auf die Vergangenheit.«

Wir tranken und starrten dann eine Weile in unsere Gläser. Ab und zu nahmen wir einen Schluck Bier. Ich überlegte gerade, ob ich mich mit einem Schnaps revanchieren sollte, da machte mein Nebenmann einen Handbewegung in Richtung des Wirtes, und kurz darauf bekamen wir jeder noch einen Wodka.

»Ich heiße Achim, wenn's recht ist«, sagte er.

»Andreas«, sagte ich und wir stießen noch einmal an. »Gibt's was zu feiern?«, fragte ich und wusste sofort, dass das eine ziemlich blöde Frage war.

»Was zu feiern? Wenn du willst, gern. Ich bin befördert worden. So eine Scheiße.«

»Befördert. Ja, eigentlich freut man sich da.«

»Ja. Und ich kriege 300 Piepen mehr im Monat. Toll, was?«

»Ich glaube, ich würde mich da freuen.«

»Andreas, jetzt pass mal auf: Ich bin ein 1-a-Staubsaugerverkäufer. Fast immer Verkäufer des Monats gewesen. Ich hab prima verdient. Scheißjob, aber was soll's. Das Geld hat gereicht. Wir konnten jedes Jahr in Urlaub fahren, und alle drei, vier Jahre war ein neues Auto drin. Das ist ziemlich gut, wenn man Klinken putzt.«

»Donnerwetter.« Mehr konnte ich nicht sagen.

»Ja, Donnerwetter. Aber jetzt bin ich Teamleiter geworden.«

»Und?«

»Und? – Ich bin jetzt nur noch selten auf Tour. Ich soll die jungen Leute anlernen. Ihnen die ganzen schmutzigen Tricks beibringen, wie man alten Omas so ein Gerät andreht. Ich selbst bin da ja noch mit klargekommen, aber jetzt vervielfache ich meine Scheißarbeit. Und ich habe mindestens zehn Stunden mehr in der Woche. Und das alles für 300 Piepen.«

»Hättest du das nicht ablehnen können?«

»Im Prinzip ja. Aber wie wär ich da denn dagestanden? Und meine Frau freut sich über die 300. Die Kinder natürlich auch. Hast du Kinder?«

»Nee.«

»Gut.«

Wir starrten wieder eine Weile in unsere Gläser.

Der Wirt schaute zu uns herüber, und diesmal bestellte ich den Wodka.

»Die Hälfte hält das nicht aus«, sagte Achim. »Die kriegen das mit ihrem Gewissen nicht klar. Aber die andere Hälfte, die sind ehrgeizig. Die wollen alle Verkäufer des Monats werden. Denen sind alle Mittel recht. Die arbeiten zwölf Stunden und mehr am Tag. Und denen ist es total egal, ob sich da eine Oma in Schulden stürzt.«

»Warst du nicht genauso? Wie hättest du denn sonst dauernd der Beste sein können?«

»Na ja, am Anfang war ich auch so ein Arsch. Aber dann bin ich mal an eine Tür gekommen, und da stand eine Frau, die sah meiner Mutter total ähnlich. Die hatte auch nicht viel Geld. Ich habe mich entschuldigt und bin wieder gegangen. Danach habe ich nur noch in Nobelvierteln getourt. Und mit Charme lässt sich auch viel machen.«

Nee, nee?, dachte ich. Dicker konnte ein Bär gar nicht sein, den er mir da aufbinden wollte. Die Mutter. Kitschiger geht's nimmer.

»Ich bin dann noch mal zu der alten Frau gefahren«, sagte Achim, »und das klingt jetzt ziemlich kitschig, aber diese Ähnlichkeit! Ich musste immer dran denken. Mein Vater ist nämlich mit mir als Kind aus der DDR abgehauen. Der Sack hat meine Mutter einfach dagelassen. Das war mindestens fünfunddreißig Jahre her, aber ich hatte von meiner Mutter noch ein Foto.«

»Jetzt sag nicht, dass das tatsächlich deine Mutter war.«

Achim nahm sich ein Tuch aus seiner Hosentasche, wischte sich die Augen und bestellte uns noch einen Wodka.

»Wir haben uns alte Fotos angeguckt. Und – ob du's glaubst oder nicht, es war wirklich meine Mutter. Wir haben uns dann ein paar Mal in der Woche getroffen, auch mit meiner Frau und dem Kind. War 'ne schöne Zeit. Aber ein knappes Jahr später ist sie dann gestorben. Magenkrebs.«

Er schnäuzte in sein Taschentuch; und ich musste auch ein paar Tränen wegdrücken.

»Danach mussten wir feststellen, dass sie einen Haufen Schulden hinterlassen hatte. Hat in Versandhäusern und an der Haustür jeden Scheiß gekauft. Das müssen wir jetzt abzahlen. Und das ist ja auch der eigentliche Grund, warum ich diese blöde Beförderung akzeptieren muss. Da hat sich einiges angesammelt.«

Wir tranken unsere Schnäpse aus. Ich fühlte mich schon ziemlich benebelt und legte Achim eine Hand auf die Schulter.

»Kann ich dir irgendwie helfen? Ich seh' doch, wie fertig du bist.«

»Ach, nee, lass man. Ich muss da allein mit klarkommen.«

»Wieso? Wir sind doch jetzt irgendwie Kumpel. Da hilft man sich doch.«

»Na ja. Das ist mir jetzt etwas peinlich. Aber weißte: Ich würde gern einmal noch Verkäufer des Monats sein. Ein einziges Mal. Aber ich will dir jetzt keinen Staubsauger aufschwatzen.«

Ich dachte: Wenn das alles ist? Ich habe eh Schulden. Da kommt es auf einen Tausender mehr oder weniger auch nicht an. Vielleicht hilft ja Peter Zwegat. Aber hier konnte erst mal ich helfen.

»Abgemacht, Achim«, sagte ich. »Du bestellst uns noch einen Wodka, und ich bestelle so einen Sauger.«

»Andreas, das musst du nicht.«

»Doch, doch, da bestehe ich jetzt drauf.«

»Na gut.« Er holte ein Formular aus der Tasche, und ich füllte alles korrekt aus.

Wir rauchten noch eine zusammen, tranken einen Scheidebecher, Achim zahlte, ließ sich eine Quittung geben, und wir beide steckten noch einen Schein in die Sammelbüchse für das potenzielle Bußgeld. Auf der Straße umarmten wir uns zum Abschied. Er musste nicht mehr weinen, und ich hatte geholfen. Und hatte jetzt einen Zweitstaubsauger. Und irgendwie ein komisches Gefühl.

Der Vorsatz war gut

Immer wenn meine Frau einige Tage beruflich in der Republik unterwegs ist, überkommt mich der Drang nach Erneuerung, Reinigung und Ordnung. Ich habe freie Bahn in den vier Räumen, die wir elf Jahre lang be- und verwohnt haben. In der Zeit von Sabines Abwesenheit soll sich ein Wandel durch Annäherung an den ursprünglichen Zustand der Wohnung vollziehen.

Manchmal genügt es, Küche und Flur zu wischen, und schon fühlt man sich wie Tine Wittler. Beim letzten Mal habe ich eine Küchenschublade aufgeräumt. Die Küchenschublade, in der Schöpfkellen, Pfannenwender, Grillspieße, Strohhalme, ein Nudelholz und jede Menge unnützes Zeug aufbewahrt werden, vor allem Gummibänder. Gummibänder, mit denen vor Zeitaltern Petersiliensträußchen, Suppengemüse oder ein Bund Dill zusammengehalten wurden. Die habe ich gleich weggeschmissen. Vor der Schublade hatte ich auch noch den Zwischenboden aufgeräumt. Es ist erstaunlich, was auf einen Zwischenboden so alles draufpasst. Neben einer dicken Staubschicht vor allem leere Kartons. Gefühlte tausend leere Kartons von Elektrogeräten, die wir schon lange nicht mehr haben, weil sie kaputt sind. – Weg damit.

Montagmittag, Sabine muss für vier Tage nach Thüringen. Dann also frisch ans Werk. Das Wohnzimmer müsste dringend mal wieder gesaugt werden. Das letzte Mal war, puuh, also vor ein paar Jahren. Gerade wenn man mit Katzen lebt, kommt da ganz schön was zusammen. Man kann sich ja behelfen, indem man immer mal wieder mit dem Hausschlappen auf dem Teppich hin und her reibt und dann die Staubbatzen aufsammelt. Aber jetzt ist mal eine Grundreinigung dran. Möbel auf die eine Hälfte, saugen, Möbel auf die andere Hälfte, saugen, und während der ganzen Aktion wird es mir immer klarer, dass ich da einen großen Fehler begehe. Ich reibe mir den Schweiß aus den Augen und erblicke das Schlamassel, das ich da angerichtet habe, in seinem ganzen Ausmaß. Naturgemäß kotzen Katzen, und dies machen sie nie auf dem Linoleum im Flur, sondern sie gehen dafür immer auf den Teppich. Menschen sind ungeschickt und verschütten Getränke, am liebsten Rotwein, manchmal fällt ihnen ein Stück fettiger Braten von der Gabel herunter und verfehlt sowohl Teller als auch Tisch. Und wie der sehr große Klecks Spinat auf die Auslegeware gekommen ist, ist mir bis heute ein Rätsel. An den Kanten, an und unter den Stehlampen und dem neben der Tür sitzenden Plüschbären haben die Motten Fressorgien gefeiert. Das sieht man jetzt alles in vollkommener Deutlichkeit. Ich habe den Staub der Geschichte aus diesem Zimmer entfernt, und den kriegt man da so schnell nicht mehr rein.

Auf dem Rückenetikett der Whiskyflasche steht »Drink responsibly«. Ich trinke verantwortungsvoll einen Doppelten und bekomme eine Idee. Beim Zwischenboden-Aufräumen hatte ich noch einige Reste des Wohnzimmerteppichbodens gefunden. Alles in allem gut zwei Quadratmeter. Ich könnte damit die Fleckenstellen ausbessern, so wie man schadhafte Bodenfliesen auch durch neue ersetzt. Gute Idee! Ich sauge die Reste. Jetzt sehen sie aus wie neu. Noch einen verantwortungsvollen Scotch und dann ran ans Werk. Je nach Größe des Flecks schneide ich mir Vierecke zurecht. Ich lege sie auf die ekligen Stellen und dann – hui!!! – mit dem Teppichmesser die Umrisse entlang. Doppelklebeband habe ich auch noch genug. Großzügig unter dem Stoffbären und am Sofa-Esstisch weggeschnitten, festgetretenes Gummi ausgespachtelt und neuen Teppich festgeklebt. Kotzflecken vor dem Fernseher, im Eingangsbereich und im Zentrum des Zimmers. Kleine Reste bleiben für die Türschwelle und die mottenzerfressenen Stellen im Stehlampenbereich. Das letzte, sehr kleine Stück reicht noch für die Stelle vor dem Schrank, als ich vor drei Jahren mal Nasenbluten hatte. Gegen zwei Uhr mache ich Feierabend.

Am nächsten Morgen wache ich stolz auf, tapere verschlafen ins Wohnzimmer und erstarre. Dort liegt ein zehn Jahre belaufener Teppich mit etwa zwei Dutzend unterschiedlich großer, brandneuer Füllsel. Das sieht weder praktisch noch künstlerisch noch lustig aus. Es sieht vielmehr zum Kotzen aus. Schlagartig bin ich wach und suche nach der Katze. »Franzi«, sage ich, »in zwei Tagen kommt Mutti zurück.

Könntest du nicht in der Zeit auf diese Stellen da göbeln?«
Ich zeige auf die sauberen Teppichflecken, aber die Katze will
erst mal essen. Vielleicht überlegt sie es sich ja.

Silvester aufm Dorf

»Ich geb Ihnen einen Rat: Bringen Sie Ihren Briefkasten in
Sicherheit. Mir ham se in den letzten Jahren schon drei in die
Luft gesprengt«, sagt unsere greise Nachbarin in einem un-
vergleichbaren Akzentgemisch aus Ostpreußisch und Bran-
denburgisch. Es ist Silvesternachmittag. Vereinzelt detonieren
Böller. Ein Nachbar verbrennt sein trockenes Schilf auf dem
zugefrorenen Schulzensee. Ich gehe zu unserem neuen, großen,
silbernen Briefkasten. Wir haben keinen Gartenzaun. Das Haus
ist so gut wie fertig. Aber jetzt ist das Geld alle. Nix mehr da
für einen Gartenzaun. Und warum auch? Wir wohnen aufm
Dorf. Da wird nicht eingebrochen. Da könnte man immer alle
Türen ständig auflassen. Ab und an würde jemand plötzlich in
der Küche stehn, »Tach« sagen und mit mir ein Bier oder einen
Schnaps trinken wollen, aber Klauen ist hier nicht angesagt.
Zumindest was die Altvorderen angeht. Über die Jugend habe
ich mir noch keine feste Meinung gebildet. Das könnte schon
sein, dass die vor lauter Übermut mir so einen Böller in den
Briefkasten werfen. Ohne Sinn und Verstand. Unsereins hat ja
auch früher mit dreizehn oder vierzehn dem Nachbarn, wenn
er beim Silvester-Fernsehprogramm-Gucken war, so einen
Ladycracker auf die Terrasse vor die Wohnzimmerscheibe geschmissen und ist dann schnell hinter einer Fichte in Deckung
gegangen. Wir haben keine Terrasse. Das Geld ist alle. Also
bleibt der Dorfjugend nur der Briefkasten, um uns zu zeigen,
wer den Hammer am Gürtel hängen hat. Ich bin ja selbst aufm
Dorf aufgewachsen. Da hat nie jemand rausgekriegt, wer die
Knaller vors Wohnzimmer geschmissen hat. In unserer Sied-
lung standen fünf Jugendliche zur Wahl. Und dazu hätte es

auch noch Hucky, der Dorfalkoholiker, sein können. Hier gibt es jede Menge Jugend und auch eine ganze Menge Saufnasen.

Damit der Postbote nicht über eine Sandfläche zu unserem Haus laufen muss, habe ich den Kasten an die Rückwand eines alten Schuhschranks geschraubt und so an die Grundstücksgrenze gestellt. Jeder könnte hier unbemerkt einen Knaller reinschmeißen. Und wenn schon die alte Frau Jürgens mit Anschlägen zu tun hatte, wie soll es dann erst uns als neu Hinzugezogenen ergehen? Wir sind doch ein gefundenes Fressen für die Dorfjugend.

Ich klebe den Briefkastenschlitz mit Kreppband zu. Sabine meint, das kriege ich dann am Neujahrstag gut ab. Ich bin skeptisch, denn das kriegen auch Hinz und Kunz gut ab. Mittlerweile soll es ja Böller geben, die eine Druckwelle erzeugen, die einen, wenn man zwei Meter neben dem Sprengkörper steht, erschüttert. Das würde unser neuer, silberner, verchromter Briefkasten nie aushalten. Aber jetzt ist erst mal Kreppband dran. Das ist ja schon so eine kleine psychologische Barriere. Wenn ich Richter Alexander Hold richtig verstanden habe, ist das dann nicht nur Sachbeschädigung, sondern auch noch Einbruch. In den Briefkasten.

Wieder im Haus. In der Küche steht Bodo, der um die Ecke wohnt. Wir hatten eine Terrassentür aufgelassen. Er sagt, er wolle nicht immer auf meine Kosten trinken, und hat zwei Flaschen Bier dabei. Ich hole eine Flasche *Bommerlunder* aus der Anrichte und ein bisschen Zeugs zum Knabbern. Bodo sagt, an Silvester sei hier aufm Dorf Vorsicht geboten. Da dürfe man seinen Briefkasten nicht aus den Augen verlieren. Bumms!, sei der weggesprengt. Und das Kreppband wäre da eher noch ein Anreiz. Er bietet mir an, seine Sackkarre zu holen und den Briefkasten mit dem Schuhschrank in den Schuppen zu verfrachten. Nee, sage ich, der Schuppen ist schon voll mit Gerümpel und außerdem muss man schon auch mal etwas Vertrauensvorschuss investieren. Aber das Kreppband ist wirklich ein Witz.

Nach zwei Bieren begleite ich Bodo vor die Tür und sichere den Briefkastenschlitz zusätzlich mit einem Bindfaden. Bodo lacht. Wer einen Knaller anzünden will, hat auch ein Feuerzeug dabei. Und mit einem Feuerzeug kann man problemlos so einen Faden durchbrennen. Außerdem sei die Briefkastenecke ja kaum beleuchtet. Ich erwähne noch einmal den Vertrauensvorschuss, und wir verabschieden uns. Im Schuppen stöbere ich den 500-Watt-Halogenscheinwerfer auf, den wir uns für Nachtarbeiten auf der Baustelle angeschafft hatten. Den installiere ich im Badezimmer vor dem Fenster mit Blick auf den Briefkasten. Jetzt ist alles schön ausgeleuchtet. Allerdings kann jetzt auch jeder von draußen auf unser Klo gucken. Sabine, sage ich, heute müssen wir das Gästeklo oben benutzen. Ich erkläre ihr, warum. Sie sagt, wenn ich heute noch irgendwas erwähnen würde, was in Zusammenhang mit dem Briefkasten steht, würde sie schreien. Ich sage nichts mehr. Kurz darauf ruft Bodo an. Er habe seinen Briefkasten zugelötet. Wenn ich wollte, könnte er ganz schnell auf ein Bier vorbeikommen und dabei auch meinen sichern. Ich murmele etwas von Vertrauensvorschuss und lehne ab. In meinem Arbeitszimmer entdecke ich zufällig eine Rolle Gewebeband, auch Gaffa genannt. Das klebt wie Sau. Im Flur fragt mich Sabine, was ich denn am Silvesterabend mit dem Gewebeband vorhabe. Ich sage nichts und gehe vor die Tür. Gerade habe ich den Briefkastenschlitz gesichert, aber so was von gesichert, da sehe ich Sabine im Badezimmerfenster. Ich sage, dass ich was am Schuhschrank zu kleben hätte, und bemerke Sekunden darauf meinen Fehler. Ein Zusammenhang zwischen Schuhschrank und Briefkasten besteht eindeutig. Wenig später klingelt mein Handy. Bodo fragt, was denn bei uns los sei. Das Geschreie würde man ja bis zum Bahnhof hören. Ich sage, unser Briefkasten sei jetzt sicher. Wir könnten nun in Ruhe Silvester feiern.

Epilog: Am 2. Januar klingelt der Postbote an unserer Haustür. Er habe sich erlaubt, mit dem Teppichmesser unseren Briefkasten wieder funktionstüchtig zu machen. Bei Bodo sei er auch schon mit dem Stemmeisen aktiv geworden. Zum Jahresanfang wäre er immer gut ausgerüstet. Er habe sich jetzt sogar einen Schneidbrenner angeschafft. Aber manche Kästen sähen danach gar nicht mehr gut aus. Als hätte jemand einen Böller reingeworfen.

Die Feuerteufel

Vorschlag für eine 8000-Euro-Frage bei Günter Jauch: Was meint der Westfale, wenn er von einem »Püffken« spricht? – A: Eine Fehlzündung beim Pkw. B: Ein Handwärmer aus Kaninchenfell. C: Ein kleines Lagerfeuer. D: Ein kleines Bordell. – Richtig ist Antwort C: Ein kleines Lagerfeuer.

In den Herbstferien bekomme ich Besuch von meinem Bruder und meinem 14-jährigen Neffen Daniel. Daniel weiß, dass ich jede Menge olles Holz auf meinem Grundstück liegen habe, und er brennt darauf, mit mir ein Püffken zu machen. Alle Jungs zünden gern ein Feuer an. Und seitdem mein Bruder und ich einmal erzählt hatten, dass wir als Kinder des Öfteren mal auf der Kuhweide neben unserem Elternhaus gezündelt hatten, ist er Feuer und Flamme. Er will Püffken machen. Und einmal hat er es auch schon getan. Auf einem Acker in Hohenlimburg hat er zusammengetragene Zweige, Papier und leider auch Gummi angezündet. Die Flammen und vor allem der Qualm fielen unerwartet mächtig aus, und auf einmal stand, von einem Nachbarn alarmiert, die Feuerwehr auf dem Feld. Daniel ging der Arsch auf Grundeis. Aber da Feuerwehrleute nicht nur Feuer löschen, sondern auch gern selbst machen, sagten sie nur: »Mach das nicht wieder. Und jetzt lauf schnell nach Hause, bevor die Polizei kommt.« Daniel hat zu Hause alles gebeichtet und wurde von meinem Bruder zu einer Woche Hausarrest verknackt. Ich finde das nicht korrekt, schließlich haben er und ich als Kinder das Gleiche angestellt. Nur kam bei uns weder die Feuerwehr noch die Polizei, dafür aber Mia, die Magd des anliegenden Bauern. Die zahnlose alte Mia kam mit einer Mistgabel bewaffnet über die Wiese und zeterte hexenähnlich. Wir aber konnten problemlos flüchten, denn Mia hatte derbe Holzschuhe an, mit denen man noch nicht mal einen dreibeinigen Hund hätte einholen können. Aber sie keifte furchterregend. Seit dieser Zeit habe ich das lustige Wort »Lausebengel« nie wieder gehört.

Zurück zur Gegenwart: Von dem Haus, das wir haben abreißen lassen müssen, bevor dort unser neues entstanden ist, habe ich alles Dachgebälk, die Fußbodendielen und Wandverkleidungen im Garten aufstapeln lassen. Damit wollen wir in den nächsten zehn Jahren unseren Kamin befeuern. Dafür muss es aber zuerst zersägt, zerhackt und trocken gelagert werden. Zum Wochenende haben sich ein paar Freunde zum Arbeitseinsatz angemeldet. Am Freitag treffen der Oberstaatsanwalt im Ruhestand und die Finnisch-Dolmetscherin ein, Samstagmittag stoßen der Technische Angestellte und die Werkstoffingenieurin dazu. Wir machen ein Partyfass Bier auf, und nun wird Krach gemacht. Der emeritierte Jurist greift sich die Kettensäge und macht sich über die Dachbalken her, der Techniker schwingt die Axt und spaltet Holz, ich zersäge mit der Handkreissäge marode Dielenbretter, die Ingenieurin entfernt Nägel und stapelt Holzscheite, die Dolmetscherin pflückt Obst, und meine Frau Sabine kümmert sich um das Essen. Nach und nach wächst der Stapel Kaminholz, aber auch ein Haufen olles, morsches und splitteriges Zeug. Ich beschließe, ein Püffken zu machen. Ich habe mir sagen lassen, dass in Brandenburg ein kleines, überschaubares Feuer von einem Meter Durchmesser und einem Meter Höhe das ganze Jahr über erlaubt sei. Bei uns auf dem Dorf muss man vorsichtig sein. Ruck, zuck hat man von einem gelangweilten Nachbarn eine Anzeige am Hals. Ich nehme einige trockene

Zweige, lege ein paar dickere Stücke darauf, kippe ein wenig Diesel drüber und zünde ein kleines, gemütliches Feuer an. Die Flammen sind überschaubar. Ich bediene das Feuer. Ich stehe daneben, säge, und ab und an lege ich etwas nach. Der Haufen Mistholz wächst trotzdem. Ich achte darauf, dass möglichst nur trockenes Holz auf die Flammen kommt. Es soll nicht zu sehr qualmen. Ein Nachbar kommt den Weg entlang. »Schönes Feuer«, sagt er. »Ja«, sage ich, »ein Meter ist ja erlaubt.« – »Ja, ein Meter.« Ich lege noch etwas nach. Die Nachbarin gegenüber hängt in ihrem Garten Wäsche auf. Der Mistholzstapel wächst. Ich bitte den Oberstaatsanwalt a. D., auf das Feuer zu achten, und gehe aufs Klo. Auf dem Weg treffe ich den Technischen Angestellten. Er zeigt in einen Schuppen voller alter Pappkartons. »Können die weg?«, fragt er. – »Ja, die müssen irgendwann mal weg«, sage ich und gehe ins Haus. Als ich zurückkomme, lodern die Flammen zwei Meter in die Höhe. »Ein Meter«, rufe ich schon von Weitem, »ein Meter ist nur erlaubt!« – »Ach was«, sagt der Pensionär, »so wirst du das morsche Zeug nie los.« Von hinten kommt der Techniker mit den Armen voll Kartons und wirft sie aufs Feuer. Entfesselte Flammen stechen in den Himmel. Der Wind bläst glühende Pappstückchen in die Atmosphäre und lässt sie auf dem trockenen Rasen landen. Ich tanze wie Rumpelstilzchen herum und trete die Glutherde aus. »Ein Meter!«, rufe ich immer wieder. Und: »Die Feuerwehr, gleich kommt die Feuerwehr!«

Die Pappe ist schnell verbrannt, und auch das übrige Holz schrumpft in kurzer Zeit wieder auf das legale Maß. »Da ist ja ordentlich Glut«, sagt der Jurist. Der Techniker nickt. Sie ziehen ab, kommen mit einem zwei Meter langen, morschen Dachbalkenende zurück und werfen es in die Flammen. Es qualmt. »Das muss unterfüttert werden«, sagt einer und legt noch Splitterholz nach. Das war offenbar feucht. Der Rauch zieht in Richtung der nachbarschaftlichen Wäsche. »Das Feuer braucht Stoff«, ruft der Techniker, nimmt den Kanister und kippt einen ordentlichen Schuss Diesel in die Glut. Nach kurzem Züngeln schießt eine Stichflamme in den Himmel. »Das muss ausgenutzt werden!«, tobt der Jurist, nötigt die Ingenieurin, ihm zu helfen, und schleppt mit ihr Arme voll belaubte Zweige, die ich in einer Ecke des Gartens zum Trocknen abgelegt hatte, herbei. Die Zweige sind noch nicht trocken, und es qualmt, als hätte jemand eine Nebelbombe gezündet. Ich bin sprachlos und zapfe mir ein Bier. Da höre ich aus der Ferne die Feuerwehrsirene. Das wird teuer, denke ich und fülle schnell einige Eimer mit Wasser, um immerhin vorgeben zu können, ich hätte Vorsichtsmaßnahmen getroffen. Derweil wird noch kräftig Diesel nachgegossen und Holz draufgelegt. Ich habe mich in eine Ecke gesetzt, eine Flasche Kräuterlikör geöffnet und warte auf die Feuerwehr. Auch andernorts ist die eigentliche Arbeit vergessen. Es geht nur noch darum, das Mistholz zu verbrennen. Mittlerweile sind Osterfeuerausmaße erreicht. Die Feuerwehrsirene verstummt. Ich scheine noch mal Schwein gehabt zu haben. Das scheinen auch meine Mitarbeiter zu merken und wuchten eine alte Zimmertür auf die Glut. Es ist nichts mehr sicher. Der Pappschuppen ist inzwischen leer, es werden trockene Zweige von den Obstbäumen gerissen, Sabine kann einen alten, restaurationsbedürftigen Schaukelstuhl nur dadurch retten, dass sie sich reinsetzt. Ich hole ein Tablett mit Schnapsgläsern und kann nur so verhindern, dass ein alter Autoreifen auf das Feuer geworfen wird.

Wir trinken, allen glüht das Gesicht, beim Abendessen wird zugelangt und später sehr tief geschlafen. Am nächsten Tag entschuldige ich mich bei der Nachbarin mit der verrauchten Wäsche. Sie sagt: »Na ja, Jungs machen eben gern Feuer. Egal wie alt sie sind. Aber – machen Sie das nie wieder.«

Wenn man Fernsehn guckt, dann *guckt* man auch Fernsehn

Ich lege nach dem Frühstück die Zeitung beiseite, hole die TV-Illustrierte vom Fernseher und sage zu meiner Frau. »Da woll'n wir doch mal gucken, was heute Abend in der Kiste kommt.« Das bedeutet: Mal schauen, ob wir uns auf ein gemeinsames Fernsehprogramm einigen können. Wir müssen uns nicht einigen. Wir führen eine moderne Ehe. Wenn ich Fußball gucken will, gehe ich in mein Arbeitszimmer. Wenn Sabine *Deutschland sucht den Superstar* sehen will, gucke ich bei mir was anderes. Filme über Beziehungsprobleme muss ich mir nicht antun, und Sabine hat keinen Sinn für blutige Action- und Horrorfilme, da kann ich auch noch so sehr versuchen, es ihr schmackhaft zu machen. Die meisten Filme habe ich nämlich schon mal gesehen. Ich sage: »Hier, heute Abend auf Tele 5: *Idle Hands* von Rodman Flender, übrigens ein Epigone von Roger Corman. Der Anfang: Ein amerikanisches Ehepaar, beide Mitte bis Ende vierzig. Schafanzug, Nachthemd an, alles total amerikanisch. Sie liegen im Bett auf dem Rücken, Mutti will das Licht ausmachen, da fällt ihr Blick auf die Zimmerdecke und da steht in roter Farbe: »I'm under your bed.« Ist doch schon mal ein super Anfang. Und so geht das anderthalb Stunden so weiter.« Den Film habe ich mir dann alleine angesehen, während Sabine einen Schinken mit Romy Schneider und Michel Piccoli geguckt hat.

Aber oft einigen wir uns. Mit Clint Eastwood wird alles geguckt, mit Til Schweiger nichts; von Steven Spielberg alles, von Peter Greenaway nichts. Günther Jauch sowieso, Columbo ab und zu. Manchmal gebe ich bei einer Liebeskomödie mit Hugh Grant nach, manchmal Sabine bei Bruce Willis. Ich bin ein angenehmer Partner beim Fernsehen. Ich verfolge das Geschehen. In der Werbepause gehe ich aufs Klo oder hole mir ein Getränk. Ansonsten gucke ich nur. Ich erweise dem Film meinen Respekt, auch wenn ich eigentlich lieber etwas anderes angeschaltet hätte. Ich stricke nicht nebenbei, ich wasche auch nicht mal zwischendurch eine Schüssel ab oder schäle zehn Birnen. Ich konzentriere mich auf den Film. Würde ich stricken, Knöpfe annähen oder mir die Nägel schneiden, während mein Partner seinen favorisierten Film guckt, würde ich zu verstehen geben, dass mich das Programm nicht die Bohne interessiert und ich mich nur ihr zuliebe hier quäle.

Läuft der Film meiner Wahl, würde ich erst recht nichts nebenbei machen. Eine kaputte Glühbirne auswechseln, die Bücher nach Größe sortieren oder dem Kater beibringen, wie man auf zwei Beinen geht. Ich würde nämlich sonst den Eindruck erwecken, ich hätte mich nur des Durchsetzens wegen durchgesetzt und der Film wäre mir piepegal. Das alles macht keine Laune und läuft einem harmonischen gemeinsamen Fernsehabend entgegen. Da kann man auch gleich ins Bett gehen oder die Kniffelwürfel hervorholen. Ich sage: Wenn man Fernsehn guckt, dann *guckt* man auch Fernsehn!

Kinder sind auch Menschen

An sich kann ich ja gar nichts dazu sagen, wie man mit Kindern umgeht oder sie womöglich erzieht, weil ich selbst keine habe. Aber ich habe einen Neffen und eine Nichte, und ich kenne viele Kinder von Freundinnen und Freunden. Und ich sag's mal so: Ich bin ja selbst mal Kind gewesen. Und anschließend Jugendlicher. Da weiß man doch, wie man als Kind und später als Jugendlicher behandelt werden möchte. Jedenfalls möchte man nicht diesen Dududu-Kram und diese angebliche Kindersprache um die Ohren haben. Man möchte auch nicht, dass Erwachsene von sich in der dritten Person sprechen. »Soll Mutti dir noch ein Bütterken schmieren?« – Da spricht ein Mensch mit mir über jemandem anderen und meint sich selbst. Das ist schizophren. Da wird man als Kind zwar nicht unbedingt bekloppt von, aber man ist doch irritiert. Wenn Mutti von Mutti spricht, dann ist es ihre. Heute würde man, in das damalige Kind versetzt, sagen: »Wenn du Omma meinst, dann lehne ich ab, weil die als Kriegsgeneration nur das Allernötigste auf die Brotscheibe legt und es bei ihr nicht ›Bütterken‹, sondern ›Margarineken‹ heißen müsste.« Oder dass man nicht einfach von den Eltern ganz normal geduzt wird! Da heißt es stattdessen: »Da hat Andreas aber Pfuibah auf den Teppich gemacht.« Statt einfach zu sagen: »Mensch Andreas, dass du da grade auf den Teppich gekotzt hast, war echt scheiße.«

Ich hätte mir gewünscht, als Kind und besonders als Jugendlicher wie ein Erwachsener behandelt zu werden. Nicht immer diese erst sprachliche, dann physische und juristische Überlegenheit zu spüren. Von Gleich zu Gleich wollte man behandelt werden. Bobby Ewing hat seinen Adoptivsohn immer »Partner« genannt. Aber ob er ihn hinter den Kulissen verdroschen hat, weiß man nicht. Eine Schulfreundin hat mir mal gesagt, ich wäre bestimmt mal ein toller Vater, und ein wichtiger Lehrer hat behauptet, ich wäre sicher mal ein prima Pädagoge, aber das wird man nie herausbekommen. Ich sitze vor dem Fernseher, gucke *Zwei bei Kallwass* und denke: Wie blöd können Menschen nur sein!«

Sabine hat sich mit ihrer neuen Dorfbekanntschaft Corinne zum Shoppen verabredet. Shoppen ist vom Wortsinn her das Gleiche wie Einkaufen, bedeutet aber Zielloses-Geld-Ausgeben-für-nutzlosen-Kram. Ich sage nichts dagegen, denn dass ich aus diversen Baumärkten inzwischen fünf Sets von Spiralbohrern und eine ganze Kiste voll Schrauben und Dübeln habe, ist auch nicht unbedingt nötig. Auch wenn es Schnäppchen waren. Man muss Kompromisse eingehen. Ich sage: »Ja, während ihr Shoppen geht, passe ich auf Corinnes Kinder auf.« Jason, zwölf Jahre alt, und Klara, neun, kennen mich auch schon ein wenig. »Aber heute kommt noch der

Klempner«, sage ich, »wegen der Pumpe. Da hab ich dann mal kurz keine Zeit.« – »Kein Problem«, sagt Corinne, »die können sich auch mal mit sich selbst beschäftigen.«

Gerade haben die Kinder es sich im Wohnzimmer eingerichtet und einen Karton voll Spielsachen ausgekippt, da klingelt es, und der Klempner steht vor der Tür. »Ich komme wegen der Pumpe für die Klospülung«, sagt er, ich zeige ihm die Räumlichkeiten, und er macht sich an die Arbeit. Ich schaue mir derweil Frau Kallwass an, wie sie eine Familie auseinandernimmt, dabei ein adoptiertes Kind seinen Vater wiederfindet, gleichzeitig eine 50-Jährige begreift, dass sie ihr Kind nicht abtreiben kann, ihr Freund sich als schwul outet und sein Vater seinen Beruf als Pfarrer an den Nagel hängt, weil er mit der minderjährigen jüngeren Schwester des Schwulen ein Verhältnis hatte, aus der ein behindertes Kind entstanden ist, welches soeben einen Suizidversuch verübt hat, weil es im Leben nicht mehr durchblickt.

Den Kindern wird langweilig. Jason will gerade über seine jüngere Schwester herfallen und ihr eine Büroklammer durch die Nasenscheidewand stechen. Ich schreite ein. Zwar ist es ihr Bier, was sie so machen, aber ich habe die Aufsicht und muss sehen, dass niemand zu Schaden kommt. Ich sage: »Jason, wenn Klara das nicht will, dann lass sie in Ruhe.«

»Aber Klara will doch ein Piercing in der Nase«, schreit Jason.

Ja«, sage ich, »aber das muss doch ein Fachmann machen. So Leute, kommt, jetzt gehen wir erst mal auf die Terrasse eine rauchen.«

Klara nimmt die Zigarette von mir an. Bricht sie in zwei Teile und wirft sie in eine Pfütze. Jason nimmt einen Zug, hustet und wirft die Kippe hinterher. Kluge Kinder.

Der Klempner kommt aus dem Hauswirtschaftsraum und erzählt, dass er mit der Pumpe, die jetzt das Regenwasser für unsere Toilettenspülung nutzt, fertig ist. Als er mir die Rechnung überreicht, bekommt er einen berufseigenen Geistesblitz: »So, jetzt können sie ordentlich kacken, und es kost' sie nix.« Ich empfinde das Gesprächsniveau nicht als sehr angenehm, aber ich will nicht den Vornehmen spielen. Ich sage: »Na ja, nicht ganz, denn vor dem Kacken muss man ja schon was essen, und das kostet was.« Er kommt kurz ins Grübeln, dann hellt sich sein Gesicht auf, und er greift sich an die Stirn. »Verstehe. Vorm Kacken muss man natürlich essen. Von nix kommt schließlich nix.« Er lacht sich kaputt, ich lache ein wenig mit, die Kinder schauen auf den Boden und scheinen sich fremdzuschämen. Ich verabschiede den Handwerker und gehe mit den jungen Leuten wieder rein. Als Gastgeber habe ich natürlich die Pflicht, den Gästen etwas zu bieten. Und was ist dagegen einzuwenden, wenn ich als Älterer der jüngeren Generation etwas beizubringen versuche. Etwas, das sie noch nicht kennen. Das macht Spaß. Ich hole die Gläser, die Südfrucht, den Salzstreuer und die Flasche *Sierra Silver* herbei und zeige den Kindern, wie man Tequila trinkt. Sie sind begeistert. Und sie wollen alles ausprobieren. Am Anfang gibt es noch eine gehörige Schweinerei, aber die jungen Leute lernen schnell. Als Sabine und Corinne vom Shoppen zurückkommen, trifft sie der Schlag. Ich habe ordentlich einen sitzen, Jason und Klara sind ziemlich aufgedreht.

»Mama, wir haben Tequila getrunken!«, ruft Jason.

Klara fällt gespielt aus ihrem Sessel. Corinne und Sabine sind entsetzt.

Jason, der Halunke, lallt: »Ihr könnt jetzt umsonst kacken, hat der Klempner gesagt«, und imitiert einen Furz.

Corinne schaut fassungslos und riecht am Atem der beiden Kleinen. Sie guckt mich skeptisch an. Ich zeige auf die Karaffe mit Wasser neben der Tequilaflasche und auf das halbe Dutzend aufgeschnittener Zitronen.

»Vielleicht haben sie eine Vitamin-C-Vergiftung«, sage ich und kichere ein wenig. Corinne stiefelt mit ihren Kindern, die immer noch die Besoffenen spielen, nach Hause.

Ich sage zu Sabine: »Die Grundlage der Koexistenz ist der

Kompromiss.« – Sie packt vom Shoppen eine große Tüte mit Klamotten aus und überreicht mir nebenbei eine Flasche *Glenfiddich*. Das ist Harmonie.

Der Gärtner von Klein Zetschin

Nach dem Besuch mehrerer Baumärkte auf der Suche nach einem preiswerten Gartenzaun, der zwar ansehnlich sein, auf der anderen Seite aber auch nicht zu sehr ins Auge stechen sollte, nach einer erfolglosen Recherche also für eine unauffällige Grundstückseinfriedung hingen wir erschöpft in den Autositzen und hatten Durst.

»Wollen wir uns nicht, bevor wir nach Hause fahren, noch etwas an den See setzen, ein Bier trinken und in den Sonnenuntergang gucken?«, fragte Sabine, als wir das Ortsschild von Klein Zetschin passierten.

»Gute Idee«, sagte ich, und wir stellten unser Auto auf dem Parkplatz neben der Grundschule ab. Das letzte Mal waren wir vor gut zwei Jahren am Klein Zetschiner See gewesen. Zwischen Dorfstraße und dem Wasser gab es einen gemeindeeigenen Uferstreifen von etwa zwanzig Metern Länge und fünf Metern Tiefe mit einige Bänken und einem Spazierweg, der an beiden Seiten durch lichten Baumbestand weiter am Ufer entlangführte. Von der Bank sah man über eine schlichte Rasenfläche auf einen kleinen Bootssteg, an dem mehrere Kähne lagen, und über den See auf dichte Baumreihen von Kiefern und Birken am anderen Ufer. Da das Dorf über so gut wie keine Jugendlichen verfügte, war der Platz ausgesprochen aufgeräumt und sauber. Ein schmaler Streifen Gebüsch als Sichtschutz zur Straße sorgte dafür, dass nicht Hinz und Kunz von dieser kleinen dörflichen Oase Kenntnis hatten.

Vor zwei Jahren hatten wir uns, nachdem wir eine Weile gesessen hatten, jeder ein Bier vom Getränkehandel neben der

Schule geholt. In einer kleinen Lagerhalle stand der dicke Besitzer neben seiner Kasse. Zwei Männer in den Fünfzigern saßen zwei Meter weiter auf Bierkisten und tranken. Sie waren offenbar bester Laune. Nachdem wir bezahlt hatten, riefen sie uns zu: »Wenn ihr euch an den See setzen wollt, passt auf, dass ihr nichts dreckig macht. Sonst kriegt ihr es mit Paul zu tun.« Dabei deuteten sie grinsend auf den Getränkehändler.

»Haltet die Klappe«, sagte Paul, doch die beiden hatten gerade erst angefangen.

»Das ist nämlich Pauls Garten«, sagten die beiden ernst, stießen mit ihren Bierflaschen an und prusteten los.

»Hört auf, so einen Scheiß zu erzählen«, tobte Paul los. »Sonst schmeiß ich euch raus. Ich bin schließlich keine Kneipe hier.«

»Ich dachte, das Stück Ufer gehört der Gemeinde«, sagte ich.

»So isses auch.« Paul wollte das Thema abschließen.

»Aber er mäht da immer den Rasen«, sagte einer der Männer halblaut zu Sabine, als verrate er ein Geheimnis.

»Ist doch nett von ihm«, meinte Sabine.

»Zwei, drei Mal habe ich da gemäht. Das ist alles.« Paul war das Thema ausgesprochen unangenehm.

»Ist echt ein schönes Plätzchen da«, sagte ich, »nur ein Mülleimer fehlt. Sonst schmeißen ja alle ihre Zigarettenkippen auf den Weg.«

»Das bringt der Paul schon in Ordnung.« Die beiden Männer schlugen sich auf die Schenkel.

»Mit der Pinzette!«, gröhlte einer, der andere verschluckte sich an seinem Bier und fing dramatisch an zu husten.

»Ich mach den Laden jetzt dicht«, sagte Paul und schob uns sanft zur Tür. »Das mit dem Rasen ...«, sagte er noch mit gesenkter Stimme zu mir. »Es macht ja sonst keiner.«

Ich nickte verständnisvoll, wir riefen: »Schönen Abend noch«, gingen über die Straße in Pauls Garten und genossen das Bier und den Sonnenuntergang.

»Sonst macht es ja keiner.« Diese Haltung oder besser tiefe Gewissheit: »Wenn ich es nicht mache, macht es keiner, und wenn doch, was unwahrscheinlich ist, aber mal den fast undenkbaren Fall angenommen, es machte doch einer, dann ganz bestimmt nicht so gut wie ich«, diese Gewissheit hatte schon viele gute Leute zermürbt. Paul mähte den Rasen, weil der sonst unkontrolliert wüchse, das Unkraut dazwischen hervorschösse, irgendwann alles platt darniederliegen würde und im feuchten Herbst oder Frühjahr verfaulte. Dafür musste er sich den Spott der Dorfzecher anhören. Helmut Schmidt hat den NATO-Doppelbeschluss durchgesetzt und wurde dafür von Friedensaktivisten angefeindet. Barack Obama hat in den Vereinigten Staaten die allgemeine Krankenversicherung auf den Weg gebracht und wurde dafür von konservativen Landsleuten aufs Übelste beschimpft. Humphrey Bogart hat die African Queen durch Zentralafrika geschleppt und musste sich dabei mit Blutegeln und deutschen Soldaten herumschlagen. Helmut Schmidt, Barack Obama, Humphrey Bogart und Paul wussten, dass es einer machen muss, allen Unkenrufen zum Trotz. Undank ist der Lohn der Welt und verwandelt sich, wenn überhaupt, erst im hohen Alter in Respekt und Anerkennung.

Wir standen nach zwei Jahren also wieder am Zetschiner See und konnten vor Staunen nur ergriffen schweigen. Die Bänke waren frisch mit dunkelgrünem Lack gestrichen. Davor war jeweils ein schmaler Streifen Gehwegplatten verlegt worden, damit die Bankbenutzer mit ihren Füßen keine Kuhle scharrten. Neben jeder Bank stand ein verzinkter Papierkorb mit einem extra darangeschweißten Aschenbecher. Der Spazierweg war mit frischem Rindenmulch belegt und säuberlich mit Rasenkantsteinen zur tadellos gepflegten Grasfläche abgegrenzt. Inmitten des Rasens befand sich ein Inselbeet mit einer selbst gegossenen, unauffälligen Randeinfassung aus Beton. Auf dem Beet strahlten einem Rittersspornstauden entgegen, umgeben von Storchschnabel und Glockenblumen als

Begleitstauden. Aufgelockert wurde alles durch Mutterkraut, und am Rand sorgten frische, grüne Bergenien für einen harmonischen Abschluss. An der rechten Seite des Rasens standen kräftige Heckenrosen, und links blühten prächtige Stockrosen und Digitalis in Rot und Lila. Nirgendwo war auch nur ein Fitzelchen Unkraut zu sehen. Wenn man den Platz zu einem Spaziergang am See entlang verlassen wollte, ging man an beiden Seiten durch einen Rundbogen, der dicht von blühenden Kletterrosen bewachsen war.

Wir hatten gerade auf einer Bank Platz genommen und unsere mitgebrachten Bierflaschen geöffnet, da kam in einem viel zu großen blauen Overall ein alter Mann mit gebeugtem Rücken von der Straße auf den Platz. In beiden Händen hielt er je eine Gießkanne und schlurfte damit zum See. Einen Fuß zog er merklich nach und hatte große Mühe beim Gehen. Am Ufer kniete er sich unter Stöhnen nieder und füllte die Kannen mit Seewasser. Dann stand er mühsam wieder auf, schleppte sich zum Beet in der Mitte und begann, die Blumen zu gießen. Dabei schaute er kurz zu uns herüber, und wir erschraken. Es war Paul, eindeutig, aber nicht der Paul, den wir vor zwei Jahren in der Getränkehandlung gesehen hatten. Dieser Paul wirkte um Jahrzehnte gealtert. Sein Haar klebte schütter in grauen Strähnen auf der Stirn. Die Wangen waren eingefallen, die Augen traten hervor und trieften. Auf der linken Seite waren der Mundwinkel und das Augenlid nach unten gesackt. Die Haut wirkte grau und welk. Der Mann war am Rande der totalen Erschöpfung. Trotzdem schleppte er sich ein zweites Mal zum See und füllte die Gießkannen. Wir konnten nur dasitzen und schweigend verfolgen, wie er seine Mission erfüllte. Nachdem er zurück war, setzte er die Kannen vor dem Beet ab, hob den Kopf in unsere Richtung und versuchte ein Lächeln. Wir erschauderten. Es war, als grinste ein Totenschädel uns an. Er zuckte die Schultern, als wollte er sich entschuldigen, und sagte mit schwacher Stimme: »Es macht ja sonst keiner.«

»Ja, Paul«, sagten wir und erhoben unsere Bierflaschen zum Gruß, »und besser schon gar nicht.«

4 GETIER

Ganz viel Natur

Wer lange Jahre in der großen Stadt lebt, womöglich gar in ihr aufgewachsen ist, hat zur Natur ein zwiespältiges Verhältnis. Er fürchtet sich vor ihren Unwägbarkeiten, und doch zieht es den Städter immer wieder hinaus ins Grüne.

Auch wir haben einen dieser kleinen, schon lange fahruntüchtigen Wohnwagen, die an einem festen Platz abgestellt sind und an verlängerten Wochenenden als Schlafraum dienen, bei Regenwetter als Lesezimmer. In diesem August haben wir uns vorgenommen, vier Wochen zu bleiben: ohne Fernseher und Videorecorder, ohne die Stammkneipe und die Einbaudusche – dafür mit ganz viel Natur.

Ein kleines Grundstück am Wasser, fünfzig Kilometer entfernt von Berlin, in Groß Köris. Die Sonne brennt und der Schulzensee stinkt. Ich leide unter einer Insektenphobie, ich hasse diese Viecher, und mein Verständnis für den Artenschutz versagt, sobald Tiere mehr als vier Beine haben. Hier, im sumpfigen Gelände, den Schilffeldern und Hecken, finden die Monster ihr Paradies; ich gewinne einen Eindruck jener Abteilung der Hölle, die mir dereinst blüht.

Dennoch bin ich freiwillig hier, niemand zwingt mich. Was treibt mich, der ich sonst in dunklen Räumen hocke und nur ungern die Wohnung verlasse, welche Kraft drängt mich in dieses brutale Areal? Ist es der Wahnsinn, welcher schon Reinhold Messner in die Arktis und Rüdiger Nehberg in die Amazonaswälder geführt hat? Die Grenze der persönlichen Belastbarkeit – ein Zustand, der mir bis dahin fremd war.

Vor dem Schlafengehen muss der Wohnwagen nach Spinnen abgesucht werden. Spinnen, jene Geschöpfe, die die Evolution, andere nennen es Gott, nur dazu ersonnen hat, der Menschheit zu zeigen, zu welchen Widerwärtigkeiten sie in der Lage ist. An jedem Abend fallen fünf bis sieben der acht-beinigen Personifizierung des Ekels mir zum Opfer, dazu ei-nige Ohrenkneifer. Es gibt viele dieser Insekten, und am nächsten Tag sind wieder eine Unzahl Freiwilliger da. In der Nacht wache ich mehrfach auf, weil ich das traumatische Ge-fühl habe, ein gigantischer Weberknecht stampfe über mein Gesicht, um hier und da ein wenig an der zarten Haut zu nagen. Ich rudere mit den Armen und bemerke erst allmählich die zahllosen Mückenstiche. Lange liege ich dann wach, um mit weiteren hilflosen Handbewegungen die Angriffe neuer Geschwader brummender Blutliebhaber abzuwehren. Verge-bens.

Am frühen Morgen wird die Unannehmlichkeit der ju-ckenden Stellen nur noch durch den kreischenden Schmerz des Rückens übertroffen, des Rückens, der eine Schlafunterlage mit Taschenfederkern gewohnt ist, nicht plumpes Schaum-gummi. Mühsam muss ich an jedem Tag den aufrechten Gang neu erlernen.

Arbeiten sind zu erledigen. Die große Trauerweide muss beschnitten werden und die Uferbefestigung erneuert. Ich schwanke in sieben Metern Höhe in stürmischem Wind, in der Rechten den Fuchsschwanz, die Linke verkrampft um einen Ast gekrallt. Anderntags stake ich bis zu den Hüften in brackigem Wasser und knüpfe unterhalb der Wasseroberfläche Weidenzweige um zuvor eingeschlagene Pfähle. Um mich herum schwirren hektisch Libellen, zum Teil handtellergroß, unberechenbar, plötzlich in meinem Gesicht zu landen. Gegen Mittag kommen auch die Wespen hervor und schließen sich den apokalyptischen Flugscharen an. Es ist erstaunlich, wie viele unterschiedliche Insekten es gibt. Manche zwicken, die meisten stechen. Die Fische verhalten sich weitestgehend ruhig. Nur ab und zu wird ein toter Graskarpfen herange-schwemmt oder ein sterbender, der mir mit einer letzten zu-ckenden Bewegung an die Seite schlägt. Und die ganze Zeit über diese furchtbare Ungewissheit, ob es hier Blutegel gibt!

Kurz vor der Unterkühlung steige ich an Land. Ich sehne mich nach meiner Stammkneipe, nach einem frisch Gezapften nebst angewärmtem *Osborne Brandy*. Es hilft nichts, hier besteht die Freizeitgestaltung aus Arbeit und aus Lesen. In diesen vier Wochen werde ich das Gesamtwerk Joan Aikens bewältigen – mindestens.

Dann kommt der Abend. Die Surfer, Motorbootfahrer und die Menschen auf den regelmäßig vorbeibrummenden Ausflugsschiffen, die mich den Tag über durch ihre Ferngläser beobachtet haben, bleiben fort. In der Dämmerung wird der Grill entfacht, und wenn es richtig dunkel geworden ist, werden die Kerzen entzündet. Viele Kerzen.

Nun kommt meine Zeit. In anderthalb Metern Abstand von mir, der ich mit einem Glas Rotwein in die Nacht hinaussehe, stehen die Kerzen und üben ihre Anziehungskraft aus. Mit einem wilden Flackern in den Augen beobachte ich den selbstmörderischen Instinkt der kleinen Viecher. Es zischt, wenn sie in die Flammen fliegen. Immer neue kommen. Sie sind dumm, die toten Artgenossen schrecken sie nicht. Manchmal bleiben sie, noch lebend, im hinabfließenden Wachs hängen. Ganz unten zuckt ein großer Schneider. Ein Flügel ist bereits angesengt, doch es wird noch eine Weile dauern, bis die Flammen auch den Körper erreicht haben. Ich habe Zeit.

Später, die Rotweinflasche ist geleert, blase ich die Kerzen aus. Mit der Taschenlampe begutachte ich die Überreste. Im Wohnwagen töte ich fünf bis sieben Spinnen und einige Ohrenkneifer. Ich lege mich auf das harte Lager. Es erwartet mich eine weitere schwere Nacht, doch der nächste Abend wird kommen.

Auf dem Rücken der Pferde

Meinen ersten Kontakt mit Pferden, genauer gesagt mit Ponys, hatte ich durch Heike. Heike gehörte zwar nicht direkt zu unsere Clique in der Nachbarschaft, aber ihre Sippe war um ein paar Ecken mit meinem Vater verwandt, und so guckte ich ab und zu mal bei ihr vorbei. Ihr Vater hatte am Haus eine Werkstatt, in der er irgendetwas Ominöses abeitete. An die Mutter kann ich mich nicht erinnern. Man sagte, sie sei irgendwann verrückt geworden und in die Anstalt gekommen, oder sie habe sich umgebracht, sich »davon abgeholfen«, wie es bei uns in der Gegend hieß. Alle paar Jahre wurde in Sundern ein Suizid zur Kenntnis genommen, was deutlich macht, unter welchen Umständen wir leben mussten, wenn es immer wieder einmal jemand für wünschenswert hielt, sich davon abzuhelfen.

Bei Heike zu Hause roch es immer nach Essen. Noch heute empfinde ich es als unangenehm, wenn ich eine Wohnung betrete und es riecht nach Eintopf.

Heike sang sehr gerne. Sie war sechzehn, und wenn ihr Vater nicht da war, legte sie in der Werkstatt eine Platte wie »Hit Rocket« oder »Disco Rocket«, jedenfalls irgendeine Rakete, auf und sang die neuesten Schlager von Penny McLean, Tina Rainford und Donna Summer mit. Ihre Stimme lappte sehr in einen heiseren Sopran, aber ich gab keine Bewertung ab. Neben dem Singen war Heikes größte Leidenschaft das Pferdewesen. In der Nähe gab es einen Ponyhof, und sie verballerte ihr gesamtes Taschengeld mit Reiten. Eine Stunde auf dem Ponyrücken kostete immerhin sechs Mark.

An einem Nachmittag, ich hatte ihr schon eine halbe Stunde lang stoisch beim Singen zugehört, da sagte sie zu mir: »Gib mir mal einen Kuss.« Ich war damals vierzehn und perplex. Wir hatten nichts miteinander, waren nur lose verwandt, und ich fragte sie, warum um Himmels willen ich sie denn küssen sollte. »Stell dich nicht so an«, meinte Heike, »ich will nur mal üben. Und schon hatte ich ihre Zunge in meinem Hals. Es war widerlich. Sie schmeckte nach Eintopf. Als ich wieder Luft bekam, sagte sie: »Ich lade dich zum Reiten ein. Ich hab genug Geld.« Ich war vorher noch nie geritten, aber ich dachte: Mal reiten für lau – warum nicht? Wir schlenderten zum Ponyhof, und Heike zahlte für uns beide für je drei Stunden, also 36 Mark. Auf dem Weg sang sie »I love to love« von Tina Charles vor sich hin. Ich glaube aber trotzdem nicht, dass sie in mich verliebt war. Wir ritten auf zwei Wiesen, die von einem kleinen Wassergraben getrennt waren. Das heißt, eigentlich ritt nur Heike. Ich wurde unterdessen von einem stummen jungen Mann auf der Wiese herumgeführt. Heike peste über das Gras und sprang sogar über den Graben, hin und her. Mir war langweilig, und ich sagte, dass ich auch gern mal alleine reiten würde. Der Knecht gab mir die Zügel. Ich schlug leicht damit und sagte sowas wie »Hü«. Das Pony bewegte sich nicht. Ich drückte meine Hacken in die Flanken des Tieres, streichelte ihm den Kopf und flüsterte ihm ins Ohr, dass es jetzt aber mal hinne machen solle. – Nichts. Also verbrachte ich drei Stunden damit, auf einem Pony zu sitzen, das ohne mein Zutun von einem nicht minder gelangweilten jungen Mann, der guckte, als wäre er drauf und dran, sich davon abzuhelfen, über eine Wiese geführt wurde. Heike tobte unterdessen über das Gras, und jedes Mal, wenn sie singend und ohne einen Blick an mich zu verschwenden an mir vorbeigaloppierte, wurde mein Entschluss, sie nie wieder zu küssen, tiefer und endgültiger in Stein gemeißelt.

Als ich wieder nach Hause kam, war es stockdunkel und meine Eltern stinksauer. Ich hatte nicht Bescheid gesagt, man hätte sich Sorgen um mich gemacht, ich hätte ja von der Baader-Meinhof-Bande entführt worden sein können und außerdem: Wie konnte ich nur so viel Geld annehmen, und dann auch noch von Heike, die offenbar keinen guten Ruf in der

Nachbarschaft hatte! Als ich beteuerte, das nie wieder zu tun, und außerdem klagte, vom Reiten ohne Sattel würde mir höllisch der Hintern wehtun, wurde auf weitere nachhaltige Strafmaßnahmen verzichtet. Mit Pferden habe ich seitdem nichts mehr zu tun gehabt.

Und — die Mücken?

»Nehmt bloß genug Mückenzeugs mit. Die fressen euch sonst auf«, sagt meine Mutter, die noch nie in Finnland war.

»Finnland ist ja sehr schön«, meint ein Freund, »aber die Mücken ...«

»*Autan*«, sagt eine Freundin, »ist zwar teuer, aber immer noch das Beste.«

»Sagt auch Stiftung Warentest«, ergänzt eine andere Freundin.

Ein Nachbar vom Seegrundstück in Groß Köris zeigt mir seine zerstochenen Arme und stöhnt: »Hier ist es an manchen Abenden ja schon schlimm, aber da? Macht euch mal auf einiges gefasst. Ich bin ein alter Mann. Ich hab schon viel gesehen.«

Seine Frau kommt dazu und schenkt uns einen Karton mit Fliegengitter. »Wegen der Mücken«, sagt sie.

Mein Vater schickt mir ein Paket mit *Ypsilin*, das er von seinem ehemaligen Arbeitgeber, den Stadtwerken Gütersloh, bekommen hat. *Ypsilin* ist ein Antiseptikum zur lokalen Behandlung von, unter anderem, Insektenstichen.

Ich träume schon davon, wie ich mit von Mückenstichen aufgeschwollenem Gesicht auf der Veranda vom Waldhaus in Toivakka sitze und mir die juckenden Arme und Beine blutig kratze. Wie ich morgens in *Autan* bade, tagsüber mit einem Imkerhelm herumlaufe, mich nachts hinter Fliegengitter verschanze, aber alles nützt nichts, denn die finnischen Mücken sind klug und geschickt. Die finnischen Kinder haben bei der Pisa-Studie ja auch am besten abgeschnitten. Mich erwartet ein verdienter Urlaub, der zur Erholung dienen soll, sich aber als Marter herausstellt.

»Besorg dir Reisetabletten«, sagt Mutter, »falls dir auf der Fähre schlecht wird.«

»Pass auf, von wo der Wind kommt, wenn du kotzen musst«, unterweist mich ein sogenannter Freund.

Mein Bruder macht mich am Telefon darauf aufmerksam, dass auf diesen Ostseefähren ja gerne mal auf hoher See die Ladeklappe aufgehen würde, und lacht sich anschließend kaputt.

Ein Nachbar aus Berlin warnt: »Passen Sie auf die Schweden auf. Die klauen wie die Raben. Es heißt ja nicht umsonst ›Alter Schwede‹.« – Ich weiß nicht, woher die Redewendung »alter Schwede« eigentlich kommt. Und dass sie mit Klauen in Zusammenhang steht ist mir vollkommen neu. Ich weiß, dass Finnen gerne saufen, in die Sauna gehen, mit ihrem Handy telefonieren, Holz hacken und den Schweden nicht mögen, aber im Prinzip sind mir Vorurteile fremd. Vor vielen Jahren hat der Schwede einmal Krieg gegen Deutschland geführt, aber jetzt hat er eine deutsche Königin, und alles ist gut.

»Das wird aber ein teurer Urlaub«, rufen einige Freunde. »Du weißt doch, was der Alkohol in Finnland kostet.«

»Ja«, sage ich, »ich habe 75 Liter Bier, 20 Liter Wein und fünf Flaschen Kräuterlikör im Kofferraum.« Es wird gestaunt.

Wir fahren los. Über Rostock, Hanko, Helsinki nach Toivakka; mit Ausflügen nach Yüväskülä, Tampere, Saavonlinna, einigen kleineren Orten mit vielen Umlauten (der Finne liebt Umlaute), Bootsfahrten auf dem See und Pilze-Sammeln am Wegesrand.

Jetzt, nach sechsundzwanzig Tagen, sind wir wieder da. Aus dem Holzhaus im Wald am See in der teilmodernisierten Altbauwohnung in Berlin-Mitte. Aus der friedlichen Idylle im Moloch Großstadt.

»Und – die Mücken?«, fragt mein Vater am Telefon.

»Nein«, sage ich, »kaum Mücken.«

»Und – die Mücken?«, fragt ein Freund.

»Ganz wenige«, sage ich, »in Groß Köris sind mehr.«

»Hast du das *Autan* mitgenommen?«, fragt eine Freundin.

»Ja, aber ich habe es nicht einmal gebraucht.«

»Wie hast du das bloß ausgehalten mit den ganzen Mücken?«

»Prima, es waren nämlich keine da.«

»Finnland ist ja toll, aber diese Mückenpest«, behauptet jemand.

Ich sage nichts.

»Und wie war es mit den Mücken?«, fragt ein weiterer Freund.

»Da war keine einzige«, sage ich.

Noch einer, ein inzwischen ehemaliger Freund: »Und – die Mücken?«

Ich schreie: »Da waren keine Mücken! Keine Mücken! Keine klauenden Schweden! Und ich musste noch nicht mal auf der Fähre kotzen! Vor allen Dingen aber waren da keine bösen, ekligen, mistigen, blutsaugenden Mückenschweine!«

Aber die Ameisen ...

Der Artenschutz in allen Ehren ...

Ich will's mal so sagen: An sich bin ich ja Tierfreund. Aber bei manchen Tieren fragt man sich doch: Muss es die eigentlich geben? Das hat nichts mit dem Aussehen zu tun. So ein Regenwurm zum Beispiel – der ist ja nicht gerade schön. Schlangen haben eine gewisse Anmut. Wenn die sich anschleichen, da steckt auch Intelligenz hinter. Da denkt man: Wie die sich da langsam und elegant an das Opfer heranringelt, zwischendurch innehält und aufpasst, dass sie auch nicht bemerkt wird, und dann im genau richtigen Augenblick zubeißt oder das Karnickel erwürgt, das ist nicht dumm. So ein Regenwurm dagegen, der windet sich nur plump im Dreck herum, man weiß noch nicht mal richtig, wo der Kopf ist, außer wenn er gerade kackt; er ist nun wirklich keine Schönheit. Aber er ist nützlich und tut keinem was. Er beißt nicht und sticht nicht und kriecht einem nicht ins Essen. Der Regenwurm pflügt den Boden durch, damit die Pflanzen besser wachsen können, und man kann mit ihm angeln. Der Regenwurm kann bleiben.

Aber Wespen. Wozu sind die nütze? Wespen sind schwarz-gelb, wo man jetzt gar nicht mal was Politisches drin sehen muss; sie sehen wie die meisten Insekten irgendwie gefährlich bis eklig aus, nerven nur rum, wenn man im Sommer nachmittags auf der Terrasse beim Kaffeetrinken ist, setzen sich auf die Erdbeertorte und fliegen einem ins Bier. Wenn man sie wegschicken will, werden sie aggressiv und stechen einen. Nicht weil sie es müssen, sondern weil sie es können und es ihnen Spaß macht. Weil sie keine Computer mit Ballerspielen bedienen können, schießen sie sich auf Menschen ein. Die vergnügungssüchtigen Wespen sammeln zwar Nektar, aber die machen da keinen Honig draus wie die braven Bienen. Nee, die sind egoistisch und verbrauchen das alles für sich selbst. Wespen können weg. Auch als Glied in der Nahrungskette werden sie nicht gebraucht. Ich habe zwar schon mal gesehen, wie eine Hornisse eine Wespe gefressen hat, aber Hornissen können auch weg. Wenn ich unter meinem Dachgiebel ein Wespennest habe, nehme ich mir in der späten Abenddämmerung einen Spaten, schabe das Nest vom Holzbalken in einen Eimer voll Wasser und kippe alles in den Schulzensee. Hornissen stehen unverständlicherweise unter Naturschutz. Da mache ich das nicht. Sage ich jetzt mal. Maulwürfe stehen auch unter Naturschutz. Deshalb gibt es auch keine Maulwurfsfallen. Wühlmausfallen dagegen kann man kriegen. Das sind gefährliche Dinger. Da möchte man keinen Finger dazwischen haben, wenn so eine Falle zuschnappt.

Oder Mücken. Mücken können nun wirklich weg. Ich kenne keinen, der sich beschweren würde, wenn es keine Mücken mehr gäbe, außer den Herstellern von *Autan*, stromfressenden Mückenlampen und Fliegengittern. Mücken nerven extrem, sind hinterhältig, bösartig und hässlich. Eine einzelne Mücke des Nachts im Schlafzimmer kann einen in den Wahnsinn treiben. Dass ein so kleines Vieh eine solche Macht hat, ist nicht akzeptabel. Selbst wenn man sie erschlägt, muss man sich hinterher noch über sie ärgern, weil sie juckende Stellen auf der Haut und eklige Flecken auf der Tapete hinterlassen. Wer vielleicht meckern könnte, gäbe es keine Mücken mehr, wären Vögel und Spinnen, weil sie die nun nicht mehr fressen könnten. Aber die haben genug anderes zu fressen. Wenn man mir sagte: So, ab heute gibt es zum Beispiel keinen Broccoli mehr, dann würde ich sagen: Tcha, gibt es halt keinen Broccoli mehr. Macht nix. Gibt genug anderes zum Essen.

Wer sich aber garantiert beschweren würde, ist der Kuckuck. Der Kuckuck ist ein Arsch. Ein unsozialer Sack. Er legt seine Eier in Nester von viel kleineren fremden Vögeln. Ist die Brut dann geschlüpft, schmeißt das dicke Kuckucksküken die eigentlichen Nachkommen der Stiefeltern aus dem Nest und macht sich'n Fetten. Und so was wurde 2008 zum Vogel des Jahres gewählt! Das ist doch geradezu ein Signal für Ellenbogenmentalität, Egoismus und Arschsein. Und dann macht er auch noch den ganzen Tag über Krach. Dieses ständige »hu hu, hu hu« geht mir mächtig auf den Sack. Zum Glück ruft er nicht wirklich »kuck kuck«, das wäre noch schlimmer, aber dieses »hu hu, hu hu«, auch nachts, nervt schon genug. Das ist wie ein Wassertropfen, der einem stetig auf die Glatze fällt. Mit der Zeit kommt einem der Tropfen vor wie eine Kanonenkugel, die einem auf den Schädel prallt. Nee, nee, der Artenschutz in allen Ehren, aber von mir aus kann der Kuckuck weg.

Zum Schluss will ich noch was zu Schnecken sagen, speziell zu Nacktschnecken. Nacktschnecken sind ja wohl das Letzte, was so im Garten herumkriecht. Wer die mal geschöpft hat, muss schon eine abgründige perverse Sau sein. Ich will da keinem bibeltreuen Trottel zu nahe treten, zudem ich ja auch eher an die Evolution glaube. Und ich meine: Wenn die Evolution so etwas Ekliges, Widerwärtiges, Gärtnerfeindliches und Kontraproduktives wie Nacktschnecken hervorgebracht hat, dann muss da einiges verdammt schiefgelaufen sein. Wenn die Evolution sich schon so einen groben Schnitzer erlaubt hat, was ist da noch zu erwarten? Gut, der Igel freut sich und frisst die Schnecken. Aber in meinem Garten wohnt kein Igel! Ich muss die Viecher selbst bekämpfen. Bei feuchtem Wetter töte ich jeden Tag ein paar Hundert Schnecken. Ab in den großen Eimer mit Salzwasser! Aber es werden nicht weniger. Gegen die Evolution oder die Schöpfung anzustinken ist hartes Brot.

Friedhof der Angler

Über den Kanal, der den Schulzensee mit dem Zemminsee verbindet, verläuft eine Autobahnbrücke. Tag und Nacht donnern Fahrzeuge mit unterschiedlichsten Hubräumen mit variierender Geschwindigkeit über diese breite Brücke der A 13. Wenn ich vor Jahren die Stelle mit meinem Paddelboot passierte (Paddeln ist die einzige Sportart, die ich mit Freude praktiziere), dröhnte es in meinem Schädel, ich machte schleunigst, dass ich mit meinem Boot wegkam und bald schon Rast im Dorfkrug Schwerin. Dort beim Bier ging mir dann ein Bild nicht aus dem Kopf. Das reale Bild eines guten Dutzend Menschen, die an und unter der Brücke saßen und angelten.

Dass Angeln als Sport gilt, als Körperertüchtigung quasi, eben als Ausgleich zur ansonsten Unterbeanspruchung der

Muskeln, ist mir nie verständlich gewesen; ähnlich wie die Hundesportvereine, deren Mitglieder sich treffen und Schäferhunde sowie andere große, bellende Gehwegverschmutzer über Holzwände hetzen.

Und nun hier unter der Autobahnbrücke saßen die Angler und trieben Sport. Fast regungslos pressten sie ihre Hintern in die Campinghocker, ergriffen höchstens mal eine frische Bierdose aus der Kühltasche neben sich, hielten ihre Ruten ins trübe, ungesund aussehende Wasser und warteten stumm auf den Fisch, während fünf Meter höher ein Lkw nach dem anderen über das Pflaster brauste. Sie sprachen nicht miteinander. Sie hätten sich auch gar nicht verstehen können. Ein wenig abseits gelegen standen ihre Fahrzeuge: Cottbusser, einige aus Teltow Fläming, Brandenburger, Berliner ... Nie habe ich jemanden etwas fangen sehen. Sie hätten die morbiden Plötzen, Graskarpfen und Aale wohl auch nicht genießen können. Andererseits: Die Angler, dicke, vom Bier gezeichnete Mittfünfziger und ein paar phlegmatische Jungs, sahen genauso aus, als hätten sie von diesem kranken Fisch aus dem dumpfen Gewässer gegessen. Warum saßen sie hier im Lärm und nicht hundert Meter weiter? Ich erinnerte mich an jenen mysteriösen, verborgenen Ort im afrikanischen Dschungel, an den sich die Elefanten zurückziehen, wenn sie sterben müssen. Vielleicht, so dachte ich im Dorfkrug Schwerin bei meinem dritten Bier, vielleicht liegt dort unter jener Brücke der A 13 Berlin–Dresden der sagenumwobene, von tausend Mythen umgebene, unbekannte Anglerfriedhof. Wenn sie den Tod drohen fühlen, zieht sie eine magische Macht an diesen Ort, wo sie, beinahe regungslos, mit der Angel in der Hand ihr nahes Ende erwarten. – So musste es sein. Es war die einzige plausible Erklärung.

Später am Abend paddelte ich heim. Es war schon finster. Unter der Brücke leuchteten, schon von Weitem sichtbar, phosphoreszierende Schwimmer an langen Nylonschnüren. Oder waren das die Totenlichter der verstorbenen Angler? Der

Nachschein ins ewige Phlegma abwartender Bewegungslosigkeit eingetauchter Seelen? Mir fröstelte. Doch dann sah ich die Schemen der noch immer auf ihren Hockern verharrenden Angelsportler. Ich strengte meine Arme an und vergrößerte eilig die Entfernung zwischen mir und diesem schaurigen Ort.

5 MITMENSCHEN

Überall Punks

Meine Eltern waren keine Hippies. Meine Eltern haben Ende der 60er-Jahre ein Haus gebaut. Da war ich zwei. Wenn meine Eltern studiert hätten, wären sie sehr wahrscheinlich auch keine Hippies geworden. Ich begrüße das. Denn erstens werde ich irgendwann ein Haus erben, und zweitens stünde ich sonst womöglich heute als Hippieeltern-Kabarettist vor den Menschen. Ich müsste mich lustig beklagen über meinen Namen, der irgendwas mit Frieden zu tun hätte, müsste jammern über meine Ernährung, meine langen Haare und meine Kleidung damals – Latzhosen, dass ich die anderen Kinder beneidet hätte und furchtbar leiden musste, weil mich alle ständig veräppelt hätten und ich nicht mal zuschlagen gedurft hätte, denn ich wäre ja ein Kind des Friedens und Diskutierens gewesen. Ich bin wirklich froh, dass meine Eltern keine Hippies waren.

Autoritär ging es zu bei Schefflers. Ich kenne niemanden, bei dem es autoritärer zuging. Ich nehme an, deshalb habe ich mich als kleiner Junge in der Schule ständig geprügelt. Fast nur mit Älteren. Ich habe immer verloren. Vielleicht wollte ich gedemütigt werden. Ich kannte ja von zu Hause nichts anderes. Zudem mit zwei erheblich älteren Brüdern ...

Umso wichtiger wurden später die Perioden, da die Eltern ohne mich in den Urlaub fuhren. Als ich achtzehn war, hatte ich schon einige sehr laute Auseinandersetzungen hinter mir über nächtliches Fortbleiben, Alkoholfahnen und Haarlängen. Als ich achtzehn war, wünschte ich mir, meine Eltern wären Hippies. Aber sie hielten das Wort »bürgerlich« für ein gutes, und ich wurde Juso. Ich kämpfte gegen die Rechten und war verbündet mit den Gütersloher Punks, obwohl ich selber eher ordentlich angezogen war.

Dann kam mein 19. Geburtstag. Bei uns zu Hause wurden sonst keine Partys veranstaltet. Feiern schon, aber keine Partys. Zu meinem 19. Geburtstag aber waren meine Eltern verreist und die Geschwister in Münster am Studieren. Ich kaufte ein paar Kästen Bier, einige Flaschen Wodka und Chips und lud zur Party ein. Ein übersichtlicher Kreis von etwa zwanzig Leuten. Es war ein Reinfeier-Geburtstag, und so erschienen fast alle erst so gegen zehn Uhr. Laute Musik, es wurde sogar getanzt, hauptsächlich aber hing man auf alten Matratzen rum, trank Wodka und Bier und rauchte, dass es nur so qualmte. Einige knutschten. Das war schön. Und um zwölf Uhr sang Stevie Wonder »Happy Birthday« aus den Boxen heraus. Ich war gerührt. Ich wollte den Abend mit den Freundinnen und Freunden genießen, mich langsam betrinken, aber immer noch genug Übersicht behalten, dass ich gegen Morgen die letzten Gäste verabschieden konnte. Mit einem Mal aber standen dreißig Punks im Partykeller. So viele gab es in Gütersloh überhaupt nicht! Sei's drum. Ich schickte einen Genossen, der noch fahren konnte, mit meinem letzten Geld los, noch Bier zu besorgen. Es gab eine Getränkehändlerin, Deckname »Omma«, die auch nachts noch verfügbar war. Die Punkszene verteilte sich unterdessen im Haus. Ich schloss vorsichtshalber das elterliche Schlafzimmer ab sowie den Weinkeller. Nun hieß es für mich, nicht in den Ruf eines Spießers zu kommen. Eigentlich wollte ich die Party auf den Keller beschränken, jetzt aber waren auch Wohnzimmer, Terrasse und Küche belegt. Zwei junge Frauen, die ich vorher noch nie gesehen hatte, fingen an zu kochen. Drei andere saßen im Garten und kifften. Im Badezimmer duschte jemand.

»Wer ist das? Wer hat die eingeladen?«, fragte ich einen Freund. »Die sind aus Bielefeld, haben wohl gehört, dass hier heute Party ist. Mach dir nichts draus und trink einen.« – Die Flucht in den Alkohol? Warum eigentlich nicht. Wäre ich von Hippies erzogen worden, hätte ich die Sache sicher besser durchgestanden. So aber patrouillierte ich mit einem Glas

Wodka in der Hand durch das Haus und bat darum, nichts kaputt oder dreckig zu machen. »Bitte nicht mit den Springerstiefeln auch die Couch.« – »Ich möchte nicht, dass jemand in meinem Bett vögelt.« – »Nein, nicht die Kippe auf dem Wachstuch ausdrücken.« – »Und das Geschirr kommt dann in die Spülmaschine.«

Gegen vier saß ich im Keller und murmelte vor mich hin: »Alles ausgesoffen, alles aufgefressen. Ich möchte, dass jetzt alle gehen.« Die, die mich hörten, lachten.

Am nächsten Mittag wachte ich auf mit Rückenschmerzen. Ich weckte drei Menschen und setzte sie vor die Tür. Dann ging ich durchs Haus. Jemand hatte es geschafft, in der Diele an die Wand zu kotzen. Im Bad war eine ganze Flasche Körperlotion auf dem Boden ausgeschüttet. Überall lagen Essensreste, im Garten zwei Dutzend heruntergerauchte Joints. Am Sofa war ein Fuß abgebrochen. Der Kühlschrank war leer.

Das Aufräumen hat zwei Tage gebraucht und einen Denkprozess bei mir in Gang gesetzt. Ich will nicht verallgemeinern, aber diese Bielefelder Punks waren es, die mich ein Stück in Richtung Spießer geschoben haben. Auch bei Partys muss ein gewisses Maß an Ordnung herrschen. Weil das offenbar nicht gelingen kann, habe ich seitdem keine Party mehr veranstaltet. Gelegentlich mal eine Feier, aber keine Party mehr.

Wenn meine Eltern allerdings Hippies gewesen wären – wer weiß, wie es dann gekommen wäre.

Die Hochzeitsfeier

Es gibt Fragen, die kommen zur Unzeit, und es gibt Momente, da sollte man nicht auf Biegen und Brechen Witze machen wollen.

»Warum hast du eigentlich ausgerechnet mich geheiratet?«, fragt sie spät am Abend lustig bei ihrer Hochzeitsfeier.

– »Es war gerade niemand anderes da«, könnte er nun antworten, und dies würde als flapsige Bemerkung wohl noch durchgehen. Aber er will es krachen lassen: »Na ja, du hast einen gut bezahlten Job. Deine Eltern haben einen Haufen Geld, und außerdem bin ich dieses ewige Hinterhergelaufe nach den Frauen leid. Jetzt habe ich ständig ein williges Weib im Bett.« Die Männerfreunde brechen in brüllendes Gelächter aus. An sich müsste jedem klar sein, dass er es nicht ernst gemeint hat. Aber alle haben schon ordentlich getrunken, und die frische Ehefrau schaut humorlos und eisig aus blanken Augen ins Nichts: »So.«

Er hätte das nicht sagen sollen, das ist klar. Ein Scherz, der die Grenzen gesprengt hat. Alle haben, wie gesagt, schon allerhand getrunken. Seine Aussage hängt in ihrem Kopf und keimt. Sie denkt an ihre gemeinsamen Stunden im Bett und an seine notorischen Geldprobleme. »Ich schlage vor, wir gehen morgen zum Notar und vereinbaren Gütertrennung«, sagt sie ernst.

»Moment«, fällt er ein, »das war doch nur ein Witz.«

»Das hättest du dir früher überlegen müssen. Und was das Vögeln angeht: *Deswegen* habe ich dich nicht geheiratet. Da wäre ich schön angeschissen.« Die Freunde schweigen. Eine peinliche Stimmung kommt auf.

»Schatz, es tut mir leid. Das war doch nicht ernst gemeint.« Zu spät.

»Übrigens, dass es auf die Größe nicht ankommt, ist völliger Quatsch. Du schneidest da ziemlich schlecht ab.« So was sitzt. Er schenkt sich einen Whisky ein und denkt nach. Die Freunde grinsen sich an. Die Freundinnen rücken auf der Bank näher an die Ehefrau heran.

»Wenn du ständig nur daliegst wie ein Brett, kann ich auch nichts machen.« – Keine schöne Retourkutsche. Eine Freundin gießt aus Verlegenheit ihr halb geleertes Weinglas wieder voll. Die meisten Gäste zünden sich Zigaretten an. Zwei gehen in Richtung Toilette. Nur ein abseits sitzendes

Paar unterhält sich leise, alle anderen schweigen und warten auf den Return.

»Seit ich dich kenne, weiß ich, dass Sex auch nicht alles ist. Jetzt komme ich endlich mal zum Lesen.«

»Jetzt hör doch mal auf!«, sagt er laut. »Ich hab das nicht ernst gemeint. Im Übrigen kannst du mal meine früheren Freundinnen fragen, wie ich im Bett war.« – Schwerer Fehler.

»Ja, wie du warst.«

»Das kann ja eine schöne Hochzeitsnacht werden«, bemerkt ein Gast.

»Halt die Klappe!«, brüllt der Ehemann und stürzt seinen Whisky herunter. »Ich finde, das ist hier nicht der richtige Ort, über solche Sachen zu sprechen.«

»Du hast angefangen.«

»Mann, als Witz! Nun versteh das doch endlich mal!«

»Hinter jedem Witz steckt auch ein Stück Wahrheit.«

»Da werden Weiber zu Hyänen«, grummelt ein Freund. Eine Freundin schüttet ihm ein Glas Wein in den Schoß. Nebengefechte beginnen. Männer und Frauen haben sich inzwischen zu feindlichen Lagern formiert. Ein Freund versucht noch zu schlichten: »Ja, dass der Ferdi das gesagt hat, war echt scheiße, aber er hat sich doch eben entschuldigt. Nun vertragt euch wieder. Schließlich ist das euer Hochzeitstag.«

»Wieso soll ich mich entschuldigen?«, sagt Ferdi. »Wenn Britta ihre zickige Tour draufhat, ist eh alles zu spät.«

»Du Arsch! Kaum hat er geheiratet, lässt er die Maske fallen.«

»Wer lässt hier wohl die Maske fallen? Kann noch nicht mal einen kleinen Spaß verstehen!«

»Du bist so ein Arschloch. Kirsten, kann ich heute bei dir schlafen?«

Unter Zuhilfenahme von zwei Schwangerschaften hat die Ehe noch sechs Jahre gehalten.

Bernauer Straße – Yorkstraße

Ein Bekannter von mir, ein extrem friedfertiger Mensch, jemand, der vermutlich an irgendeiner verborgenen Stelle seines Körpers ein Muttermal in Form eines Peace-Zeichens trägt und über dessen Bett sehr wahrscheinlich ein Poster von Gandhi hängt, dieser Bekannte lehnt es ab, U-Bahn zu fahren, weil die ihm dort begegnenden Aggressionen ihn seinerseits aggressiv machten; und zwar so weit gehend, dass er jederzeit aus der Haut fahren könnte, um jemandem eins in die Fresse zu hauen. Er, ein Tontechniker und Freizeitkabarettist, fährt ausschließlich Auto. Dafür verzichtet er vollständig auf Alkohol. Ich selbst fahre auch ungern U- oder S-Bahn, aber immer noch lieber als mit dem Auto durch ein Straßennetz, das beinahe ausschließlich von Vollidioten, Nichtskönnern und bewusst handelnden Terroristen genutzt wird. Auf der einen Seite Um-die-Kurve-Schnarcher, auf der anderen Rechtsüberholer. Und in Berlin wird das ganze Jahr über durchgängig der Tag des Zweite-Reihe-Parkers begangen. Zweite-Reihe-Parker sind die Pest und müssten jämmerlich umkommen ebenso wie Leute, die noch nie was vom Reißverschlusssystem gehört haben.

Ich muss zu einem Restaurant in der Nähe des S-Bahnhofs Yorckstraße. Ich muss nicht nur, ich will auch. Es ist 19 Uhr, ich bin warm angezogen, habe etwas zum Lesen dabei, die Frisur sitzt, meine Stimmung ist gut. Am U-Bahnhof Bernauer Straße benutze ich nicht den Behindertenlift. Ich benutze nie den Behindertenlift. Treppensteigen ist für mich Körperertüchtigung. Die jungen Leute und die Radfahrer – die benutzen den Behindertenlift. Ich habe an der Bernauer Straße noch nie einen Behinderten am Lift gesehen. Behinderte in meiner Gegend fahren Taxi, Telebus oder bleiben zu Hause. Oder steigen mit ihrer Aluminium-Gehhilfe die Treppen runter, weil sie zu stolz für den Lift sind. Unten am Bahnsteig toben etwa zehn junge Türken herum. Obwohl es keinen Grund gibt, irgendein Nebengeräusch zu übertönen, unterhalten sie sich schreiend. Ich verstehe kein Türkisch, aber es hört sich nicht nach einem Gespräch unter Freunden an. Eine kleine Landsfrau in Lederrock und hohen Stiefeln kommt daher und sagt im Vorübergehen irgendetwas Schnippisches zu ihnen. Drei brüllen ihr etwas hinterher, die anderen schweigen und hantieren an ihren Taschentelefonen und MP3-Playern. Endlich kommt die Bahn Richtung Wittenau, und ich denke, die könnten alle Mann gleich durchfahren bis zur Karl-Bonhoeffer-Nervenklinik.

U-Bahnhof Gesundbrunnen, mein Bahnhof aus der Weddinger Zeit. Wenn ich hier aussteige, muss ich immer an meine ehemaligen Nachbarn aus der Spanheimstraße denken. Heinz, ein buckliger Frührentner und Alkoholiker, mit dem ich manchen *Jägermeister* getrunken habe, und Judith, seine Frau, mit zwei kaputten Hüften, zahnlos, aber trotzdem ständig keifend, die mir immer mal wieder sagte, wenn sie doch zwanzig Jahre jünger wäre, dann würde sie aber mit mir Sachen anstellen ... Ich war froh, dass sie nicht zwanzig Jahre jünger war. Es sind nur ein paar Hundert Meter. Ich könnte mal gucken, ob sie überhaupt noch leben. Aber jetzt muss ich umsteigen in die S-Bahn Richtung Süden. Im Waggon sitzen bereits zwei gescheiterte Existenzen. Sie sind so blau, dass sie noch nicht mal sitzen können. Aber bei allem Herumgeeiere und allen Versuchen, sich gegenseitig zu stützen, bringen sie es trotzdem fertig, die Bierflaschen aufrecht zu halten und an den Mund zu führen, ohne etwas zu verschütten. Wenn sie auch sonst wohl alles in den Sand gesetzt haben – im Saufen sind sie ganz groß. Jetzt hätte ich auch gern eine Flasche Bier. Zur U-Bahn-Lektüre ein leckeres *Wernesgrüner*, vielleicht noch einen kleinen *Kuemmerling*, so quasi als Bild des kultivierten Trinkens gegenüber dem weitestgehend sinnfreien. Aber ich lese alkoholfrei. An der Oranienburger Straße steigt ein *Motz-*

Verkäufer zu, und ich traue meiner Wahrnehmung kaum, als ich sehe, wie einer der Saufnasen dem Obdachlosen eine Münze zusteckt. Eine Zeitung lehnt er allerdings ab. Unter den Linden steigen die beiden unter erheblichen Mühen kurz vor dem Zurückbleiben-Ruf aus, was den angenehmen Nebeneffekt hat, dass eine Traube deutscher Touristen, die eigentlich den Waggon einnehmen wollten, vor dem Elend zurückgeschreckt sind und nun im Nachbarwagen ihre langen Mäntel, Pelzkragen, Kameras und Einkaufstüten Richtung Potsdamer Platz kutschieren lassen. Dort besteigen ein Japaner und eine Japanerin, es mögen auch Chinesen, Koreaner oder Vietnamesen gewesen sein, das Abteil und kichern. Genaugenommen kichert nur sie; er schmunzelt tonlos. Man steckt ja nicht drin, aber ich frage mich, ob der Asiat, wenn er kichert, es ist ja doch ein anderer Kulturkreis und wohl auch eine andere Mentalität, wenn also der Asiat kichert, ob er dann auch irgendetwas lustig findet oder ob das womöglich heißt, dass er über irgendetwas zu meckern hat. Man sagt doch: Der Japaner lächelt, aber zack! hat man ein Messer im Rücken. Ich weiß es nicht, aber ich glaube, die beiden waren ganz fröhlich. Warum auch immer. Ich war am Potsdamer Platz noch nie fröhlich. Wie kann man an diesem Mist-Platz fröhlich sein! Hier hätten die gescheiterten Existenzen aussteigen sollen. Dann wären sie unter ihresgleichen gewesen. Egal welche Klamotten und welches Einkommen.

Yorckstraße. Jede Menge Osmanen. Nur Männer. Laut. Warum? Keiner ist fröhlich. Jedenfalls sieht man es nicht. Ich summe einen Schlager von Billy Mo aus meinem Geburtsjahr 1966 vor mich hin: »Da sprach der Scheich zum Emir / Erst zahl'n wir und dann geh'n wir / Der Emir sprach zum Scheich: / Zahl'n wir später, geh'n wir gleich.« Niemand erkennt den Titel. Ist vielleicht auch besser so. Am Ausgang sitzt ein alter, graubärtiger Mann und bettelt. Sieht nicht gut aus. Ich gebe ihm Geld. Ein Mann mit Hut im langen Mantel sagt: »Für die nächste Flasche oder für die Beerdigung?« Ich bin an sich friedfertig, aber jetzt würde ich ihm gern eins in die Fresse geben. Aber feige bin ich auch und sage nur »Arschloch«.

Treffen mit Kollegen im Restaurant. Jetzt schön essen. Den einen und anderen *Averna*. Und auf dem Rückweg dann ein Taxi, solange ich noch keinen Telebus brauche. Oder jemanden, der mir einen Euro zusteckt.

Business im Straßencafé

Jetzt, da der Frühling es uns so richtig zeigen will, verspürt eine Vielzahl, hauptsächlich junger, Menschen einen merkwürdigen Drang; nämlich zu einer Tageszeit, die eigentlich dem Broterwerb vorbehalten wäre, sich in einen Gartenstuhl an einen Tisch auf einem Bürgersteig zu setzen und zu zechen. In der Pariser Straße, wie auch an unzähligen anderen Orten der Republik, sumpft der Freizeitpark Deutschland. Ich setze mich vor das Straßenlokal *Okeh*, an der rechten Seite flankiert von der *Cantina Poca Loca* und links vom *Micky`s*. Hier sitzen ausschließlich *schöne* Menschen. Als sei ein Dekret erlassen worden, wonach alle zu dicken, zu pickeligen, zu billig angezogenen und überhaupt nicht erfolgreich aussehenden Zeitgenossen in ihren Kammern verharren müssen, um ja nicht das Gesamtbild zu stören. Unter den Anwesenden scheinen einige ihr Vorbild retrospektiv in der amerikanischen Fernsehserie *Miami Vice* gefunden zu haben: Man trägt pastellfarbene T-Shirts und darüber Jacketts in der entsprechenden Komplementärfarbe. Selbstverständlich sind auch jede Menge New-Age-Business- Glatzen vertreten. Männer mit an sich vollem Haarwuchs rasieren sich eine Glatze, um – ja wie eigentlich? – auszusehen: Alterslos? Überlegen? Oder scheißegal? Ich bin ein Feind des Modediktats und finde, Glatzen ohne Not sind eine Verhöhnung aller Glatzenträger, die die Natur dazu verdonnert hat. Vor jedem der Herren liegen ein Taschentelefon und ein Autoschlüssel. Getrunken wird Apfelsaftschorle oder Mineralwasser. Die Handys geben im Minutentakt Laut. Nach wie vor ist die Toccata-Melodie äußerst beliebt. Mich würde nicht wundern, wenn mittlerweile einige glaubten, diese Tonfolge sei nicht von Bach, sondern von *Nokia*. »Ich bin im Okeh. Ja, geschäftlich. Frühestens um sieben. Zum Spanier? Okay. Bis dann.« Innerhalb von fünfzehn Minuten haben alle vier Männer am Nebentisch mitteilen können, dass sie geschäftlich hier seien. Ich konnte bisher nichts Geschäftliches feststellen. Außer man sieht es als Geschäft an, bemüht unauffällig zu den Tischen mit Damenbesatzung hinüberzustarren. Die Frauen sind sämtlich sehr geschminkt, tragen Jeans-Miniröcke und Lederstiefel bis fast zum Knie. Der Bauch liegt frei. Sie trinken *Beck's* aus der Flasche. In diesem Lokal gibt es *Budweiser*, *Köpi*, *Jever* und *Warsteiner* vom Fass. Unverständlich, wie jemand bei dieser Auswahl Flaschenbier vorzieht. Zu der Vierergruppe ist inzwischen ein südländisch aussehender Mann getreten, in dessen schwarzes Haar jemand Olivenöl einmassiert zu haben scheint. Sofort nach seiner Ankunft hat er sein Taschentelefon und seine Autoschlüssel vor sich auf den Tisch gelegt. Eine der Beck's-Frauen steht auf und verschwindet im Lokal. Der mit der öligen Frisur urteilt fachmännisch: »Die hat echt'n geilen Arsch.« Drei der Kollegen nicken zustimmend, einer meint, da hätte er schon Besseres gesehen. Ich gerate ins Nachdenken: Was betreiben die für Geschäfte? Nachmittags im Café sitzen, telefonieren, Frauen taxieren, scheiße aussehen ... Ich zahle, nehme mein Handy aus der Tasche, schalte auf stumm, wähle meine eigene Nummer und sage vernehmlich: »Ich gehe jetzt. Alles klar. Zugriff in fünf Minuten.« Einige schauen irritiert zu mir herüber. Aber keiner springt auf und flüchtet. – Schade.

Scheiße im Gesicht

Für den Abend bin ich zu einer Art Poetry-Slam eingeladen worden. Ich schlage im Langenscheidts noch mal nach, was »Slam« überhaupt bedeutet. Da steht »Zuschlagen« und »Knall«. Na, das kann ja was werden. Ein Knall mit Literatur. Und das soll auch noch in Charlottenburg stattfinden. Freunde von mir haben da schon mal mitgemacht und empfohlen, dass da Geschichten über Saufen und Ficken besonders goutiert werden. Gut, Texte übers Saufen habe ich jede Menge, auch der Geschlechtsverkehr wird gelegentlich thematisiert, aber es kommt meistens nicht dazu. Eigentlich kann ich Wettstreite auch nicht leiden. Leistung öffentlich zeigen ist mir zuwider. Das war schon früher bei den Bundesjugendspielen so. Ich hab mich gern mit dem bronzenen oder silbernen Sportabzeichen zufriedengegeben. Ich hab nie was dagegen gehabt, Zweiter zu sein. Warum soll ich schnell rennen können? Schnell rennen muss man nur, um vor jemandem wegzulaufen. Muss ich nicht. Meine Siegerurkunden, Ehrenurkunden und Anstecknadeln hat meine Mutter irgendwo in einer Schublade zusammen mit meinen Schulzeugnissen von der ersten bis zur dreizehnten Klasse aufbewahrt. Kann sie gern behalten.

Nun gut, am Abend ist also so'n blöder Slam. Aber davon lasse ich mir meine schlechte Laune nicht vermiesen. Im Gegenteil: Ich beschließe, gute Laune herbeizuführen. Also gehe ich zum *Kaiser's* um die Ecke, kaufe Bier für mich und frisches Hackfleisch für die Katzen; und an der Kasse flirte ich mit meiner Lieblingskassiererin, die mir daraufhin jede Menge Treueherzen zusteckt. Wie in meinen Texten kommt es zum Geschlechtsverkehr meistens nicht. Genaugenommen nie. Das kann meine inzwischen gute Laune nicht schmälern, denn – gehen wir doch mal ganz tief mit uns zurate – Sex ist auch nicht alles.

Zu Hause mache ich mir ein Bier auf und schleime mich mit dem Hack bei den Katzen ein. Bald wird es Abend. Ich suche einige Sauftexte heraus und mache mich auf den Weg zur U-Bahn.

Normalerweise, wenn ich Straßen entlanggehe, halte ich den Blick gesenkt und schaue ernst wie die meisten Berliner, die schlechte Erfahrungen mit Hundehaufen gemacht haben. Heute aber, das nehme ich mir vor, gucke ich mir meine Umgebung fröhlich an. Lächeln! Etwas Positives ausstrahlen! Nicht immer mit heruntergezogenen Mundwinkeln herumlaufen! Sonst vermerkelt man noch. Ich gehe erhobenen Hauptes den Weg zur Bahn und lächle jeden Menschen, der mir entgegenkommt, freundlich an, auch auf die Gefahr hin, für einen Idioten gehalten zu werden. Gerade in Berlin ist es gefährlich, in der Öffentlichkeit fröhlich zu sein, aber dieses Risiko gehe ich ein. Die meisten Leute, die mir entgegenkommen, sehen kurz auf und gehen dann schnell weiter. Einzelne lächeln zurück. Das reicht mir schon. Das war schon früher so. Wenn ich morgens mit der U-Bahn zur Uni fuhr und auf dem Sitz gegenüber eine Frau aufsah und wir uns anlächelten – einfach so –, dann hatte der Tag gut begonnen. Da wurde der Geschlechtsverkehr zwar gedanklich thematisiert, aber es ist nie dazu gekommen.

Jetzt betrete ich den U-Bahnhof Bernauer Straße und sehe alle mir Entgegenkommenden freundlich an. Zwei junge Männer bleiben stehen. Einer schreit mich an: »Hab ich Scheiße im Gesicht? Ey, Alter!« – Was soll ich dazu sagen? Ich gehe wortlos weiter. Der junge Türke, etwa siebzehn Jahre alt, bellt mir hinterher: »Ha? Hab ich Scheiße im Gesicht?« So, das war's dann mit der guten Laune. Ich werde sauer, bleibe aber ruhig. »Nee, ich kann da nichts sehen. Aber ich würd' mich nicht wundern, wenn da im Kopf 'ne Menge wäre.« Er wird ungehalten, hysterisch und fühlt sich religiös motiviert. »Scheiße im Kopf? Du hast Scheiße im Kopf, Alter!« Er kommt ein paar Schritte auf mich zu. Sein Kollege hält ihn am

Arm. Ich sage nichts weiter und gehe den Bahnsteig entlang. Wenn er mir jetzt nachliefe und mir eins in die Fresse geben würde, glaube ich, hätte ich bei dem Poetry-Slam richtig gute Chancen. Mit herausgeschlagenen Zähnen eine Geschichte übers Saufen erzählen, 'ne kleine Vögelei könnte ich schnell noch reinschreiben, da würde ich glatt gewinnen. Aber der Jungtürke geht nicht zum Äußersten.

Beim Slam erzählt ein Kollege, wie er sich den ganzen Körper rasiert, dabei massenhaft Blut fließt, sich seine Brustwarzen »wie Spargelstangen« aufrichten, als er mit dem Rasiermesser an seine Eichel geht, wie sich das ganze orgiastisch auflöst. – Dagegen kann ich nicht anstinken. Ich habe nichts dagegen, Zweiter zu sein und von mir aus auch mal Dritter.

Man soll nicht Arschloch sagen

Das etwa fünf Jahre alte, zur Pummeligkeit neigende Kind am Nebentisch des Speiserestaurants hebt den Blick von seinem Teller mit Fischstäbchen und Pommes, nuckelt kurz an seiner Fanta, steht auf, posiert vor meiner Frau, die gerade mit ihrem Salat beschäftigt ist, und kräht: »Du bist aber dick!« Die Eltern, Anfang dreißig, reagieren nicht.

Sabine kaut zu Ende, schluckt herunter und sagt ruhig: »Ja, das bin ich wohl.« – »Warum?« –

»Weil ich gern esse.«

Das Kind überlegt im Rahmen seiner Möglichkeiten. Ich bin mit meinem Salat fertig, hole meine Zigaretten aus der Manteltasche am Garderobenständer und sage, dass ich mal eben vor der Tür eine rauchen werde.

»Du wirst sterben«, konstatiert das Kind.

»Du auch«, konstatiere ich zurück, »früher oder später.«

Das Kind fängt an zu weinen und stapft zu seiner Mutter. Gut.

Die Mutter lässt ein angekautes Radieschen aus ihrem Mund ploppen und schreit mich an: »Wie können Sie einem Kind so etwas sagen, Sie Arschloch!« – »Ich habe nur die Wahrheit gesagt. Und das ›Arschloch‹ in Anwesenheit Ihres Kindes müssen Sie selbst verantworten. Ist es eigentlich ein Mädchen oder ein Junge? Sieht ein bisschen aus wie Dickie Hoppenstedt.« Ich gebe Sabine und dem Wirt ein Zeichen, dass ich jetzt echt mal eben vor die Tür gehe.

Gerade habe ich mir auf dem Bürgersteig eine angezündet, da kommt der Mann vom Nebentisch dazu. »Ich möchte mich für das ›Arschloch‹ von meiner Lebensgefährtin entschuldigen.«

»Wie bitte?«

»Was? Ach so. Ich meine, für ihre Äußerung. Tschuldigung noch mal. Haben Sie vielleicht 'ne Zigarette für mich?«

Ich gebe ihm eine *Cabinet* und Feuer, er inhaliert tief, wird augenblicklich bleich und lehnt sich an die Hausfassade. »Das ist meine erste seit fünf Jahren«, erklärt er.

»Warten Sie einen Moment«, sage ich, gehe schnell zum Tresen und lasse mir vom Wirt zwei kleine *Kuemmerling* geben. Draußen gebe ich dem Lebensgefährten einen, und wir stoßen an.

»Frank«, sagt er, »ich heiße Frank.«

»Andreas«, stelle ich mich vor. Wir kippen den Kräuter und sehen nach den Zahlen auf den Flaschenböden. Er hat 37, ich 94.

»Du musst zahlen«, sage ich. Er nickt, wir drücken unsere Zigaretten aus und gehen wieder hinein.

»Du stinkst nach Rauch«, sagt die Frau.

»Ja«, antwortet er lakonisch.

»Du wirst sterben«, schreit das Kind.

»Ja«, sagt Frank.

Die Frau lässt ihre Gabel fallen. »Wir hatten doch während der Schwangerschaft vereinbart, dass du aufhörst.«

»Hab ich ja auch«, sagt Frank.

Der Wirt bringt uns beiden einen *Kuemmerling*. Wir befinden uns in einer der Altberliner Gaststätten im Osten der Stadt, in denen man, wenn man einmal einen Schnaps bestellt hat, so lange in regelmäßigen Abständen einen neuen bekommt, bis man »Stopp« sagt.

Der Frau fällt die Kinnlade herunter. »Seit wann trinkst du Schnaps? Und dann noch vor dem Kind!«

»Das ist kein Schnaps«, sagt Frank, »das ist für den Magen.«

»Papa stirbt«, jammert das Kind und fängt an zu heulen.

Sabine hat inzwischen ihr Steak au four bekommen, ich meinen Hirschbraten. »Daran sind nur Sie schuld«, giftet mich die Schlange vom Nebentisch an.

»Sie hätten halt nicht Arschloch sagen sollen«, sage ich ruhig.

»Arschloch!«, schreit das Kind.

»Mia-Sophie«, sagt Frank, »so was sagt man nicht.«

»Aber Mama hat doch auch ...«

»Mama redet manchmal Scheiße.«

»Scheiße!«, schreit das Kind.

Der Wirt bringt uns noch einen *Kuemmerling*. Wir prosten uns zu und trinken. Bevor die Frau etwas sagen kann, hebt Frank drohend den Finger. »Sag einfach nichts. Olle Schrapnelle.«

»Was ist eine Schrapnelle?«, will das Kind wissen.

»Schrapnelle ist der zweite Vorname von Mama.«

»Schrapnelle, Schrapnelle.«

»Halt die Backen!«, sagt die Frau mit erhobener Stimme.

Mia-Sophie fängt wieder an zu heulen. In der nächsten Viertelstunde spielt sich ein geflüstertes Streitgespräch am Nebentisch ab, einzig unterbrochen von einer weiteren Schnapslieferung. Sabine und ich können in Ruhe aufessen, denn das Kind wird langsam still und hört aufmerksam dem Beziehungsgespräch zu.

Wenig später stehe ich auf dem Bürgersteig und rauche, da kommt Frank dazu, reicht mir ein Fläschchen und bittet mich um eine Zigarette.

»Wir hatten ein klärendes Gespräch«, sagt er, »das war mal nötig.«

»Das glaube ich auch«, sage ich.

Er reicht mir die Hand. »Wir haben uns ein Taxi bestellt; müsste gleich kommen.«

»Eins?«

»Ja klar, ist ja jetzt alles geklärt.«

»Na dann, alles Gute.«

Die Frau und das Kind kommen aus dem Lokal, und da fährt auch schon das Taxi vor.

Mia-Sophie hüpft auf dem Gehsteig herum und singt vor sich hin: »Fotze, Wichser, Arschloch, Schrapnelle. Fotze, Wichser, Arschloch, Schrapnelle ...« Die Kleine wird morgen in der Kita ordentlich auftrumpfen.

Alle, löschen, go

Alle, löschen, go. Alle, löschen, go. So geht das jetzt schon seit gut einer Viertelstunde. Noch 2714 Mails. Alle, löschen, go. Das kommt davon, wenn man etwa sechs Monate lang seinen Spamverdachtordner nicht geleert hat. Man kann immer nur zehn Nachrichten auf einmal löschen bei *gmx* (dachte ich damals). Eine stupidere Arbeit gibt es nicht.

Alle, löschen, go. Es klingelt. Na, das wär doch was, wenn Herr Osterheld aus dem Seitenflügel endlich sein Paket abholen würde, das sehr große, aber auch sehr leichte Paket aus der Schweiz, bei dem man durch Rütteln nicht herauskriegen kann, was drin ist, dieses Paket, das jetzt schon seit drei Wochen bei uns im Flur steht. Wir wohnen im Vorderhaus, erstes Obergeschoss, ich bin quasi immer zu Hause, und somit ist unsere Wohnung Paketstation für alle Nachbarn. Ich glaube, dass manche Boten bei Nachbarn, die höher als drei Treppen wohnen, gar nicht erst klingeln. Schließlich gibt es Schefflers. Die sind immer zur Stelle und haben eh nichts zu tun. Manchmal bekommen wir für diesen Service eine Flasche Wein, selbst gemachte Marmelade oder eine Wurst. Nicht vom Paketboten, was korrekt wäre, sondern von den Nachbarn. Es klingelt noch mal. Ich stürze auf den Flur und falle beinahe über ein sehr kleines, dafür aber überaus schweres Paket aus Gummersbach für Frau Seidler aus dem Hinterhaus. Mein linker großer Zeh tut höllisch weh, ich beiße die Zähne zusammen und öffne die Tür. Im Treppenhaus stehen drei Zwerge in abwegigen Verkleidungen und stammeln: »Was Süßes oder was Saures.« Das hatte ich ganz vergessen. Noch am Nachmittag hatte bei *Schlecker* an der Kasse vor mir ein ziemlich angesoffener und auskunftsfreudiger Herr gestanden, der jede Menge Süßkram und nicht weniger Flaschen Wein gekauft hat. Die Süßigkeiten, »weil ja heute Halloween ist«, und den Wein, weil: »Meine Frau ist Alkoholikerin, und da muss immer was im Haus sein.« Ich hatte mir das mit seiner trunksüchtigen Frau gemerkt und Halloween verdrängt. Jetzt stehe ich vor drei kleinen Menschen, die als Vampire verkleidet sind und die mir zu verstehen geben wollen, wenn sie nicht etwas Süßes von mir bekämen, hätte ich etwas Saures zu erwarten. Ich finde Kinder, die schnorren, obwohl sie es nicht nötig haben, zum Kotzen. Außerdem habe ich nichts Süßes. Das gehört alles Sabine. Ich hab noch ein Päckchen kratziger ukrainischer *L&M*-Zigaretten. Soll'n sie doch mal sehen, was mittellose Pakethilfslageristen, die kostbare Lebenszeit damit vergeuden, Spam-Mails zu löschen, so wegrauchen müssen. Ich werfe das Päckchen in ihren herausfordernd aufgehaltenen Sack, sie bedanken sich, wie es sich gehört, und ich gehe wieder an den Computer.

Alle, löschen, go. Noch 2204. Wenn es noch mal klingelt, hätte ich noch ein paar Chinaböller vom letzten Silvester. Und von dem einen und anderen kleinen *Kuemmerling* könnte ich mich auch noch trennen. Go. Nein, halt, nicht go. Eine Nachricht von Gabi. Ich kenne keine Gabi. Betreff: »Ich will Dich!« Na ja, wer will das nicht? Ich klicke auf »Verschieben nach Posteingang«. Posteingang. Gabi schreibt: »Wir haben uns am 28.10. in Gütersloh kennengelernt. Du weißt doch noch. Ich bin blond, schlank, Anfang vierzig und hatte ein schwarzes Kostüm an. Demnächst bin ich in Berlin und würde dich gern wiedersehn. Melde Dich. Meine Hüften beben.« Gabi. Gütersloh. Ich war tatsächlich am 28. Oktober in Gütersloh. Ich habe in der Stadthalle einen Ball moderiert. Aber ich kenne keine Gabi. Ich war stocknüchtern, kann also keine Erinnerungslücken haben. Außerdem war Sabine mit. Aber ein Vorfall war da. In der Pause kam eine Gruppe von vier ziemlich angetrunkenen Frauen auf mich zu. Bildungsbürgertum, gut situiert, verwöhnt. Sie kreisten mich ein, eine zog mir an den Haaren, kicherte schrill und schrie: »Die sind ja echt! Ich dachte, das wär 'ne Perücke!« Dann guckte sie lasziv, ergriff mein Kinn mit Daumen und Zeigefinger – es fühlte sich an, als wäre ich in eine Rohrzange geraten –, ruckte mein Gesicht in ihre Richtung und versuchte mich zu küssen. Ich konnte das verhindern, dachte kurz, ich hätte nun einen Fan verloren, was mich nicht weiter störte, aber dem ist offenbar nicht so. Gabi, vermutlich Gabriele, war tatsächlich blond und hatte ein schwarzes Kostüm an. Anfang vierzig war sie eher nicht. Anfang fünfzig würde ich schätzen. Das wäre mir egal, aber ich mag es nicht, an den Haaren gezogen und am Kinn gekniffen zu werden. Außerdem habe ich nicht vor, Ehebruch zu begehen. Schon gar nicht mit unausgelasteten Hausfrauen der oberen, aufstrebenden Mittelschicht in Gütersloh. Sie hat mich vermutlich gegoogelt. Das ist der Preis dafür, eine Heimseite zu haben.

Löschen.

Weiter bei *gmx*. Alle, löschen, go. Es klingelt schon wieder. Bitte nicht Gabi. Auf meiner Homepage steht zwar nicht meine Adresse, aber die Andreas Schefflers im Telefonbuch kann man schließlich auch abarbeiten, wenn man besessen ist und einem die Hüften beben. Da wären mir jetzt die Halloween-Zwerge aber hundertmal lieber. Ich stecke mir vorsorglich zwei *Kuemmerling* ein und gehe zur Tür. Vor mir steht Herr Osterheld aus dem Seitenflügel. Wie ich dazu komme, seinem Sohn ein Päckchen Zigaretten in den Sack zu schmeißen, will er wissen. Ich sage, dass die ja eigentlich für ihn gedacht gewesen seien; und außerdem hätte ich da noch ein Paket für ihn. Ach, sagt er, er hätte gar keinen Zettel im Briefkasten gehabt. »Na, dann ist ja jetzt alles gut«, sage ich und biete ihm einen *Kuemmerling* an. Er freut sich, wir trinken, und er zieht mit seinem großen leichten Paket aus der Schweiz, von dem ich bis heute nicht weiß, was drin war, wieder ab. Zwanzig Minuten später ist mein Spamverdachtordner endlich leer. Und meine Chinaböller bin ich auch noch losgeworden.

Im Dorf angekommen

31. Oktober 2008, Reformationstag, 23 Uhr 30. Mir fällt der Besen aus der Hand, Sabine wirft Handfeger und Dreckschippe in eine Ecke. Schnell den letzten Müll in die Tonnen auf dem Hof gestopft, im Schutz der Dunkelheit einen Computermonitor und zwei Lautsprecherboxen in den Hauseingang gestellt, im Schein der Taschenlampe die letzten Leuchten abgeschraubt, auf der Türschwelle zwei, drei Tränen vergossen, den fast leeren Bierkasten geschnappt, wegen innerer Aufgewühltheit und zu viel Wodka ein wenig Flüssigkeit in den Rinnstein erbrochen und dann ins Auto und weg. Sabine fährt. Heute vor 491 Jahren hat Luther in Wittenberg auf einigen Blättern Papiers wichtige Sätze ans Kirchentor genagelt. Das hat letzten Endes den 30-jährigen Krieg ausgelöst. Ich habe einen gelben Klebezettel mit den Worten »Die Schlüssel habe ich beim Nachbarn gegenüber hinterlegt.« an die Tür gepappt. Was das auslöst, ist noch nicht raus.

Reformationstag. Ja, auf Sabine und mich kommen Reformen zu. Erst mal von der Stadt ins Dorf. Was dann kommt? – Mal sehen.

Auf dem Weg zur Autobahn durch Mitte, Kreuzberg, Neukölln Verkehrschaos. Freitags um Mitternacht. Im CD-Spieler das *Electric Light Orchestra.* »Stepping out«. «I'm gonna be somebody. Ouhh, I'm steppin' out.« Eine Stunde später im Haus im Dorf noch ein Glas Sekt, dann fallen wir zwischen Umzugskartons auf je eine Matratze und schlafen wie Steine, bis uns seltsame Gesänge wecken. »Märkische Heide, märkischer Sand sind des Märkers Freude, sind sein Heimatland ...« Das kann nicht in einen Traum geraten sein. Das ist Realität. »Steige hoch, du roter Adler, hoch über Sumpf und Sand, hoch über dunkle Kiefernwälder! Heil dir, mein Brandenburger Land!« Ich winde mich hoch, nehme einen Schluck Wasser gegen das Sodbrennen und wanke zum Fenster. Auf der Straße vor unserem Haus steht offenbar der hiesige Männergesangsverein. Sechs Herren in den Sechzigern in dunklen Klamotten in einer Reihe, einer steht davor und dirigiert. »Blauende Seen, Wiesen und Moor. Liebliche Täler, schwankendes Rohr. Steige hoch, du roter Adler ...« Hastig ziehe ich mich an, fahre mir durch die Haare und scheuche Sabine auf. Es ist Punkt zehn Uhr morgens, wie ich auf dem Wecker sehe. »Sabine, wo ist der Schnaps? Ich glaube, ich muss jetzt mit allen einen Schnaps trinken.« Sabine zeigt auf einen Wust von Leinenbeuteln. Ich wühle herum und finde schließlich eine Flasche *Becherovka.* »Knorrige Kiefern leuchten im Abendrot. Sah'n wohl frohe Zeiten, sah'n auch märkische Not«, schallt es von draußen. Ungewaschen, aber bekleidet, gehe ich durch den Flur zur Haustür und trete dem Gesangsverein gegenüber. »Steige hoch, du roter Adler, hoch über Sumpf und Sand ...« Der Dirigent sieht mich, macht eine professionelle Handbewegung, der Chor dehnt die letzte Silbe der Strophe bis zur Atemlosigkeit, klingt aus, und alle kommen auf mich zu. Der Chorleiter wölbt die Brust und spricht: »Herr Scheffler, unser

Männergesangsverein begrüßt Sie herzlich als unseren neuen Mitbürger. Mögen wir in Freundschaft zusammen leben, singen und arbeiten.« Sein Blick fällt auf die Flasche *Becherovka*. »Und trinken.« Ich reiche ihm die Buddel, da fällt mir ein, dass ich gar keine Schnapsgläser dabeihabe, doch er schnappt mir schon den Kräuter aus der Hand, nimmt einen Hieb und gibt die Flasche an den Nächsten weiter. Als Letzter muss ich trinken und spüre schon wieder ein übles Sodbrennen. »Nochmals herzlich willkommen bei uns aufm Dorf. Und wenn Sie Freude am Gesang haben, würden wir Sie gern in unserer Runde begrüßen.« Er nimmt mir die Flasche aus der Hand, und diese macht die genannte Runde noch einmal. Gerade kommt Sabine dazu, da tritt der Verein den Heimweg an. »Hie Brandenburg allwege, sei unser Losungswort, dem Heimatland die Treue, in allen Zeiten fort«, klingt noch nach.

Sabine macht sich einen Kaffee. Ich lege mich in meinen Klamotten noch mal hin. Etwa eine halbe Stunde später klopft es an der Tür. Ich werde aus dem Halbschlaf geholt. »Der Bürgermeister ist da«, sagt Sabine und schüttelt mich. Ich springe auf und denke: »Mist, der *Becherovka* ist alle.« Aber irgendwo müsste ich noch eine Flasche Weinbrand haben. Ich finde einen *Osborne* und sogar ein paar Schnapsgläser. Der Bürgermeister nimmt auf einem Umzugskarton Platz und ist hocherfreut. Wir stoßen an, ich zusätzlich auf, und er versucht mir zu erklären, dass man hier auf dem Dorf auch vieles so unter sich klären könne, was immer er auch damit meint. Ich sage, das sei ganz in meinem Sinne, und nach dem dritten Brandy bietet er uns das Du an. Sabine muss auch einen mittrinken, kann aber durch eine geschickte Kopfbewegung einen Kuss auf den Mund verhindern. Als er geht, begrüßt er den evangelischen Pastor der Gemeinde, der zusammen mit dem SPD-Ortsvereinsvorsitzenden vor der Haustür steht. Mittlerweile ist es zwölf. Sabine macht eine Flasche Wein auf. Der Pastor sackt in einen halb vollen Umzugskarton mit Büchern ein und kann nur mit Mühe herausgehoben werden. Der Genosse von der SPD greift sich den einzigen freien Sessel, holt eine Flasche *Goldbrand* aus seinem Mantel hervor und schickt Sabine zum Gläser-Suchen. Sowohl der Kleriker als auch der Parteigenosse versuchen mich zur Mitarbeit in ihren Vereinen zu bewegen. Ich sage, ich habe erst mal Umzug. Alle nicken verständnisvoll, und wir stoßen an. Es klingelt. Ein Vertreter der Volkssolidarität steht vor der Tür. Sabine bitte ihn in die Runde. Wir stoßen an.

Langsam werde ich sentimental. Nie bin ich in Berlin so freundlich begrüßt worden. Nie hat man sich so um mich bemüht. Wir stoßen an. Der Revierförster klingelt. Wir stoßen an. Der Bezirksschornsteinfeger klopft. Wir stoßen an. Eine Abordnung der Landfrauen steht vor der Tür. Sabine macht einen Tee. Wir anderen stoßen an. Ich lasse die Haustür einfach auf. Nach kurzer Zeit stehen der Postbote und die Freiwillige Feuerwehr im Wohnzimmer. Ich falle in einen Getränkekarton und schlafe auf der Stelle ein. Die Anwesenden, so sagt man mir später, hätten sich davon nicht beirren lassen. – So ist das Leben auf dem Dorf. Ruhig, gelassen, ohne Stress, geruhsam und gesund. Steige hoch, du roter Adler, hoch über Sumpf und Sand. Prost.

Besinnliches zum neuen Jahr

Wenn man aufs Dorf zieht, kann es mitunter eine ganze Weile dauern, bis sich ein Nachbar traut, einen auf der Straße anzusprechen. Frau Trautmann, die etwa zehn Häuser weiter wohnt, hat dafür etwas mehr als ein Jahr gebraucht. Sie hat zufällig auf der Straße meine Frau getroffen und uns zuerst einmal gelobt. Was wir in der kurzen Zeit aus dem Grundstück gemacht hätten, toll! Und wie schön unser Haus geworden wäre. Und auch die Farbe würde ihr gefallen, auch wenn einige im Dorf das anders sehen würden. Unser Haus ist das einzige im Ort mit rotem Silikatputz. Sabine erzählt ein

wenig von den Bauarbeiten, und dann kommt Frau Trautmanns erste und offenbar wichtigste Frage: »Und – hat Ihr
Mann denn auch Arbeit?« Sabine gerät ins Schlingern: »Nun
ja. Er schreibt freiberuflich Geschichten und liest die öffentlich vor. Ab und zu schreibt er auch für die Zeitung.« Mehr
will Frau Trautmann erstaunlicherweise nicht wissen. Ab-
schließend sagt sie: »Wenn ich mal einen Spruch für einen Geburtstag oder so brauche, komme ich auf Sie zu.«

Einen Spruch. Für einen Geburtstag. Oder so. Wahrscheinlich noch als unentgeltliche Nachbarschaftshilfe. Weil unsereins mal ganz locker einen Spruch aus dem Ärmel schüttelt.

Alles Gute, lieber Walter,
fünfundsiebzig ist kein Alter.
Paul war erst mit neunzig dran,
also streng dich etwas an.

So was wird da in etwa erwartet. Im Grunde herzlich, aber
doch mit einem neckischen Unterton.

Hans, jetzt bist du fünfzig Jahre,
hast schon bannig graue Haare,
manche haben keine mehr,
sei zufrieden, bitte sehr.

Ist vielleicht 'ne Geschäftsidee. Ein individueller Vierzei-
ler – 20 Euro. Ich verwerfe die Idee sofort und auf der Stelle.
So was kann und macht seit Menschengedenken fast jeder. Außerdem habe ich da keine Lust zu.

Kurz nach Weihnachten sitzt Sabine am Küchentisch, vor
sich einen Haufen Neujahrskarten und Briefumschläge. Ich
will schnell flüchten, da ruft sie: »Warte mal. Ich schreibe gerade die Karten für die Nachbarn. Hilf mir mal.« – »Wieso
ich?«

»Ja wer denn sonst? Außerdem bist du Autor.«

Das bin ich wohl. Aber doch nicht für so einen abgedroschenen Kram. »Schreib, was wir immer schreiben: Wir wünschen euch ein hm hm hm neues Jahr. Und für das hm hm hm setzt du wahlweise ›gutes‹, ›gesundes‹, ›fröhliches‹, ›spannendes‹, ›lustiges‹, ›aufregendes‹, ›entspanntes‹, ›ruhiges‹, ›friedliches‹, ›harmonisches‹ oder von mir aus auch ›finanziell erfolgreiches‹ ein.«

»Finanziell erfolgreich?«

»Ja«, sage ich, »das ist doch mal was Individuelles, nicht immer dieser Einheitskram. Du könntest Danckerts zum Beispiel schreiben: Wir wünschen euch ein finanziell erfolgreiches neues Jahr. Mögen die Gerüchte über den Bankrott eures Lampenladens nicht der Wahrheit entsprechen.«

»Du spinnst doch.«

»Gar nicht. Und Irene wünschst du ein spannendes Jahr.«

»Irene hat MS.«

»Ja eben. Ist doch spannend, ob sie es noch packt.«

Sabine lehnt sich im Stuhl zurück. »Die Spannung hat sie umsonst.«

»Dann wünsch ihr halt ein gesundes.«

»Das ist zynisch. Du weißt doch, wie es um sie steht.«

»Soll ich ihr etwa einen schnellen und schmerzlosen Tod wünschen? Nee. Hast ja schon recht. Wünsch ihr einfach ein gutes. Das ist am neutralsten. Oder, und das gilt auch für die anderen, mach doch selbst einen kleinen Vier- oder Sechszeiler. Das kommt immer an.«

»Kann ich nicht. Deshalb hab ich dich ja um Hilfe gebeten.«

»Oh nee. Da hab ich nun gar keine Lust zu. Du kannst auch ein Zitat reinschreiben. Da weiß der Adressat gleich, dass man sich Gedanken gemacht hat. Ich hab doch meine Zitatekiste.« Nach fünf Minuten bin ich zurück. »Hier: ›Wenn man sich keine Erinnerungen tagtäglich schafft, dann kann man sich auch nicht erinnern.‹ Hanns Dieter Hüsch. Oder hier, das wär was für Harald. Der ist doch arbeitslos: ›Der Sinn liegt darin, nix zu tun, nicht zu arbeiten und trotzdem keine Langeweile zu haben.‹ Wolfgang Neuss. Ganz klasse für Harald.«

»Harald schreib ich nicht. Der hat mal zugegeben, Republikaner gewählt zu haben.«

»Genau. Der bekommt ›Wenn ich wenigstens ein Neger wär, dann wär ich wer.‹ Stephan Sulke.«

»Nee!«, sagt Sabine. »Ist schon gut. Dann mach ich es eben alleine.«

Ich will gerade erleichtert gehen, da fällt mein Blick auf einen Briefumschlag. »Trautmanns? Ist das nicht die Frau, die du vor ein paar Tagen auf der Straße getroffen hast? Die mit den Sprüchen? Die übernehme ich.« Ich verziehe mich in mein Arbeitszimmer, überlege fünf Minuten und habe flugs eine wunderschöne, individuelle Neujahrskarte fertig:

Liebe Trautmanns, prosit Neujahr!
Wir hoffen, dass das letzte gut war.
Toll soll auch das nächste werden:
Friede und viel Glück auf Erden!
Wir wünschen eine schöne Zeit.
Andreas Scheffler, copyright.

Blut

Es ist ungewöhnlich voll an diesem Nachmittag bei *Schlecker* im Nachbarort. Ich stehe in der Schlange an der Kasse. Ich fühle mich unwohl. Der Opa hinter mir starrt die ganze Zeit abwechselnd auf meine Waren auf dem Band und auf mich. Ich sehe mich immer wieder kurz um. Er guckt irritiert und irgendwie angeekelt. Gleich wird die Kassiererin einen kleinen Karton aus meinen Sachen hauarusfischen, ihn hochhalten und durch den ganzen Laden brüllen: »Helga, was kosten die Tampons?! Superplus! Die Großpackung!« Anders als in der Safer-Sex-Werbung würden hier alle verschämt weggucken. Der Opa würde nicht aus Solidarität auch ein Päckchen kaufen. Warum auch? Er sieht nicht aus, als ob er eine wesentlich jüngere Frau hätte. Er sieht eher aus, als hätte er gar keine Frau. Er riecht nach Schnaps. Und wenn ich das mit meiner Rauchernase schon rieche, muss das eine gehörige Fahne sein. Ich nehme auffällig ein Fläschchen *Wilthener Goldkrone* aus dem Regal neben der Kasse und lege sie zu meinen Sachen auf das Band. Tampons kaufen ist unmännlich. Aber wenn man Schnaps kauft, ist man ein Kerl. Das 0,2-Liter-Fläschchen sieht allerdings arg niedlich aus. Nicht richtig männlich. Ich lege noch drei dazu. Daneben liegt die Großpackung Tampons. Der Opa guckt unverändert skeptisch.

Ich könnte sagen: »Ich hab öfters Nasenbluten. Da sind die Dinger total praktisch. Ja, Nasenbluten. Ich bin Künstler, wissen Sie, da kokst man wie bekloppt, sonst fällt einem nichts ein. Und davon kriegt man Nasenbluten.« – Ziemlich blöde Idee.

Die Kassiererin nimmt meine Packung Tampons vom Band.

»Superplus. Sind Sie sicher, dass Sie auch die richtigen haben?«, fragt sie.

»Ja«, sage ich.

»Also eine starke Regel in den ersten Tagen?«

»Ja«, sage ich, »meine Frau natürlich.«

Der Opa hinter mir wendet sich angewidert ab. Man redet nicht gern darüber. Und man hört nicht gern davon.

»Haben Sie schon die neuen *Always* probiert?«, fragt die Kassiererin.

»Ich? Nein. Ach so, nein, meine Frau nimmt keine Binden.«

»Haben Sie sie mal gefragt, warum?«

Ich will darauf nicht antworten. Ich will mich nicht über die Monatsblutung meiner Frau unterhalten. Auch wenn ich Bescheid weiß. Es ist unangenehm, und es tut weh. Das tut mir leid, aber ich kann es nicht ändern. Die beliebte Entgegnung, Männer hätten es auch nicht leicht, die müssten sich schließlich jeden Tag rasieren, finde ich blöd. Müssen sie nämlich gar nicht. Kriegen sie halt einen Bart. Bei Frauen hört die Bluterei irgendwann auf. Aber Ruhe haben sie nach dem Klimakterium auch nicht. Dann wachsen ihnen nämlich mitunter plötzlich in unregelmäßigen Abständen Barthaare. Und diese gilt es aus ästhetischen Gründen unbedingt zu entfernen. Da muss Ewigkeiten lang bei unterschiedlichem Lichteinfall mit der Nagelschere in der Hand die Hals- und Wangenhaut untersucht werden. – Das wünscht man niemandem.

»Nun gib Ruhe und lass den Jungen endlich sein Zeug bezahlen«, sagt der Opa ungeduldig zu der Kassiererin.

Er hat »den Jungen« gesagt. Ach Gott, bin ich froh, dass das nun wirklich nicht mehr zu mir passt. Eine neue Freundin fragte mich mal, die Geschichte ist zwanzig Jahre her, und ich kann das heute erzählen, Ingrid und ich waren also gerade zwei Wochen zusammen, da sagte sie mir, in ein paar Tagen bekäme sie ihre Periode, ob ich beim Sex Probleme damit hätte. Denn wenn ja, wüsste sie nicht, ob das mit uns klappen würde. Ich habe erst mal gesagt: »Weiß nicht.« Man redet nicht gern darüber. Man hört auch nicht gern davon. Wir haben uns dann eine gute Woche lang nicht getroffen. Ich hätte sie auch fragen können, ob sie ein Problem damit hätte, wenn beim Sex mein Genital höllisch bluten würde. Hab ich aber nicht. Denn man redet nicht gern darüber. Man hört auch nicht gern davon.

Endlich bin ich an der Kasse durch. Die Kassiererin wünscht mir noch einen schönen Tag, ich packe meine Einkäufe in einen Leinenbeutel, da hält der Opa hinter mir inne.

»Mensch«, sagt er, »da hätte ich glatt beinah was vergessen. – Rita!«, brüllt er der Ladenkraft zu, die gerade dabei ist, Waren in Regale zu sortieren, »bringst du mir wohl mal'n Beutel von der Watte?«

Rita ruft: »Machen deine Hämorrhoiden wieder Zicken?«

»Aber hallo!«, schreit der Opa. »Das ist wie die Pest am Arsch. Ich hab schon alles blutig gekratzt!«

»Tschüss«, sage ich und denke: Schön, mal drüber geredet zu haben.

Ich will keinen Boliden

Warum sauen Formel-1-Fahrer eigentlich bei Siegerehrungen immer mit teuren Magnum-Flaschen voller Sekt herum, bespritzen sich und andere mit dem klebrigen Zeug und albern dabei herum, als hätten sie gerade gleichzeitig unerwartet das Abitur geschafft, Haschkekse gegessen und die Welt gerettet? Warum nennen sie sich Piloten und nicht einfach Rennfahrer, und warum steigen sie in einen Boliden, was nichts anderes ist als ein besonders heller Meteorit, und nicht in einen Rennwagen? Ich habe damals in der Fahrschule Gülich in Gütersloh gesagt: »Ich möchte meinen Führerschein Klasse drei machen.« Und nicht: »Ich würde gern die Pilotenlizenz für einen Boliden erwerben.« Das ist nicht meine Welt. Ich gucke mir das nicht an. Sollen sie ein Schweinegeld verdienen, viel herumkommen, angeblich wichtige Leute kennenlernen, ab und zu einen Nervenkitzel erleben und dafür ihren Hals riskieren. Warum soll ich mir das angucken? Unfälle in den Nachrichten, die sehe ich mir gern an. Und denke: Das ist der Preis der Hybris. Für eine Masse Menschen aber sind das alles Helden. Ganz viele klemmen sich sonntags vormittags vor den Fernseher und starren dumpf auf den Bildschirm, wo Spezialisten im schnellen Autofahren stupide viele Runden der immer gleichen Strecke entlangfahren. In Finnland ist es noch heute so, dass, wer sich abfällig über Mika Häkkinen äußert, Gefahr läuft, eine aufs Maul zu bekommen. Fanatische Autofahrer gehören zum Schlimmsten, was es gibt. Die kaufen regelmäßig die *Auto Bild* und *Auto Motor*

Sport. Und wenn irgendwo eine Geschwindigkeit begrenzt wird, fahren sie in die Waschanlage und veranstalten anschließend einen Autokorso auf der ehemaligen Berliner Rennstrecke Avus. Wenn jemand vorschlägt, bei Autos mit sehr hohem CO_2-Ausstoß höhere Steuern zu verlangen, beschwert sich der *ADAC*. Das ist, wie wenn ich ständig in den Hausflur pinkeln würde, die Nachbarn daraufhin von mir wenigstens einen höheren Betriebskostenanteil fordern würden und der Deutsche Interessenverband Inkontinenz würde Einspruch erheben.

Wir haben einen kleinen Toyota. Sabine hat sich aus Spaß mal in so ein Internetforum eingeloggt. Da kommen jetzt täglich Mails wie von Achim aus Amberg: »Bei meinem Corolla klappert es seit einiger Zeit so komisch in der rechten Lüftung. Wer hat ähnliche Erfahrungen?« – Was soll man da antworten? – »Ja, ich.« Oder: »Nö, noch nix gehört.« Oder auch: »Mensch, Achim, das hört sich aber schlimm an. Lass dir schnell in der Werkstatt das Laub aus dem Ventilator pulen, sonst fliegt dir der Wagen bald um die Ohren. Bei meinem Schwager zum Beispiel, und so weiter, und so weiter ...« Autofahrer, wenn sie mehr wollen, als von A nach B zu kommen, sind gestörte Menschen. Sie sind thematisch extrem eingeschränkt, haben keine soziale Kompetenz, sind intellektuell auf unterstem Niveau, sind einfach dumm. Ich würde sogar so weit gehen zu sagen, es sind die Gleichen, die beim Fernsehen in der Werbepause telefonisch die Frage beantworten: »Der schiefe Turm von Pisa steht A) in Florenz oder B) in Pisa«, um einen Flachbildfernseher zu gewinnen. Wer mich jetzt für arrogant hält, hat möglicherweise recht.

Aber neulich. Freitagnachmittag auf der A 13 Richtung Berlin. Ich will zum Baumarkt. Im Raum Ragow, Mittenwalde gibt es keine Geschwindigkeitsbegrenzung. Die Autobahn ist ziemlich voll. Aber ich muss einige Lkws überholen. Hundertsechzig schafft der Toyota ganz locker. Ich ziehe soeben am zweiten Brummi vorbei, da schießt von hinten ein

BMW heran, blendet das Licht auf und ab und klemmt sich an meine hintere Stoßstange. Nee, denke ich, die drei Lkws überhole ich auch noch. Wegen dir Dödel setze ich mich nicht dazwischen. MOL-MW- ... – Mann, muss der arm dran sein, dass er nicht in Berlin gemeldet ist und B-MW tragen darf. Er tobt. Immer wieder bremst er kurz ab, um dann wie ein Wahnsinniger zu beschleunigen. Ich muss mich auf den Verkehr konzentrieren und kann sein Gesicht nicht sehen, aber wahrscheinlich schreit und fuchtelt er mit roter Bombe herum. Dann bin ich an den Lkws vorbei und ziehe auf die rechte Spur. Im Vorbeidüsen zeigt er mir seinen rechten Mittelfinger. Mir ist es egal. In drei, vier Kilometern darf man eh nur noch hundert fahren. Aber mich hat die Sache doch schon ziemlich genervt und unkonzentriert werden lassen. Ich biege auf den nächsten Parkplatz ein. Hinter zwei Polizeiwagen steht der MOL-BMW. Ich steige aus und sehe, wie der erregte Fahrer gerade aus dem grünen Bulli steigt, in dem immer die Personalien aufgenommen werden. Ein Polizist begleitet ihn. »Okay, Sie dürfen noch etwas aus Ihrem Auto holen«, sagt er. Und schiebt grinsend nach: »Übrigens, falls es Sie etwas aufheitert: Sie waren heute bis jetzt mit Abstand der Schnellste. Das ist kaum noch zu toppen.« Da fängt der große, dicke Mann aus Märkisch Oderland an zu lächeln, geht zu seinem Kofferraum, wühlt etwas darin herum, holt eine Flasche *Lutter und Wegner*-Sekt heraus, schüttelt sie wie ein Bekloppter, lässt es ploppen, hopst albern umher und besprüht sich und den Polizisten über und über mit dem klebrigen Schaumwein. Ich glaube, er war noch nie in seinem Leben so glücklich.

Ich vermisse nichts

Seitdem ich in ein Dorf nach Brandenburg gezogen bin, werde ich gelegentlich als Landei bezeichnet, vorgestellt und tituliert. Das ist scherzhaft gemeint, aber letztlich doch herablassend und dumm. Allein vom Wortgehalt her. Ein Landei ist ökologisch, gesund und von im Rahmen der Möglichkeiten glücklichen Hühnern gelegt worden. Ein Landei ist also eine prima Sache und wird allgemein zum Frühstück sehr geschätzt. Das Pendant zum Landei ist die Großstadtpflanze. Eine Pflanze in der Großstadt kann nicht gedeihen. Sie verkümmert in Blumenkästen auf dem Balkon, in Hinterhöfen oder vollgepinkelten Parks. Wer von sich stolz behauptet, eine »Berliner Pflanze« zu sein, stellt sich selbst ein schlechtes Gesundheitszeugnis aus. Seit ein paar Monaten wohne ich nun im Dahme-Seengebiet, und schon bin ich ein Landei, ein Hinterwäldler. Nach einundzwanzig Jahren, die ich in Berlin gelebt habe, soll ich mich mit den Gepflogenheiten der Zivilisation nicht mehr auskennen. Über zwei Jahrzehnte habe ich die sogenannte Zivilisation in Berlin kennengelernt. Und da werde ich ernsthaft immer wieder gefragt, ob ich die Großstadt denn nicht vermisse. Ja, was soll ich denn da vermissen? Meine Hochparterrewohnung am Arkonaplatz vielleicht, in der die Kälte vom Keller in den Fußboden kroch und unsere Heizkosten so hoch waren, als würden wir die Hölle anfeuern? Wo beim kleinsten Sonnenstrahl sich die Trommler im Park versammelten und nervten? Wo man bei jedem Nach-Hause-Kommen mit dem Auto eine halbe Stunde lang einen Parkplatz suchen und dafür auch noch bezahlen musste? Sollte ich den Straßenverkehr vermissen? Den Kreisverkehr am Großen Stern oder Theodor-Heuss-Platz, wo man aus dem Schwitzen gar nicht mehr rauskommt, weil ausschließlich rücksichtslose Idioten, Nichtskönner und unsichere Fahrer wie ich unterwegs sind? Ich vermisse auch nicht das U- oder S-Bahn-Fahren. Schon allein das Warten in der Station: Man ist umgeben von jungen Leuten mit oder ohne Migrationshintergrund, die sich grundsätzlich schreiend unterhalten, die mit Kopfhörern, aber trotzdem laut, schreckliche Musik hören und über ihre Mobiltelefone Beziehungskatastrophen besprechen. Beim Einsteigen wanken einem Frauen entgegen, die eigentlich Ameisen heißen müssten, denn sie können das Zehnfache ihres Körpergewichts an Einkaufstüten tragen. Hinterher trotten Männer, die ausschließlich ihr Körpergewicht tragen, aber das ist auch nicht wenig. Während der Fahrt dann wie üblich die Psychopathen, Bettler, Säufer und Musikanten. Würde das jemand vermissen? Häufig sind junge Leute mit Rucksäcken unterwegs, die keine Ahnung haben, wie man sich auf engem Raum mit einem dicken Paket auf dem Kreuz bewegt. Sie sind sehr aufgeregt und drehen sich, ihren Buckel schwingend, hin und her. Unsereins muss ausweichen oder Abstand halten, der meist nicht vorhanden ist. Und dann die Touristen. Menschen Anfang fünfzig, die Sätze und Wörter sprechen, die man einfach nicht mehr hören kann: »Da ging dann die Mauer lang, von heute auf morgen.« – »Unrechtsregime.« – »Die ham ja früher Erichs Lampenladen gesagt.« – »Also diese Reichtagskuppel – schon imposant.« Und das alles in einer Lautstärke, als wären sie alleine im Wagen. Da waren mir die stillen Biertrinker noch am liebsten. Beim Aussteigen dann die, die nicht warten können, bis die Bahn anhält, bevor sie aufstehen. Es ist immer genügend Zeit da, aber sie stehen schon eine Station vor dem nächsten Bahnhof auf. Alle kommen raus, auch wenn jede Menge Bekloppte schon reinwollen, wenn längst noch nicht die letzte Mutter mit ihren Einkaufstüten ausgestiegen ist. Jedes Mal war ich froh, wieder aus der Bahn heraus zu sein, bis auf die Male, wenn ich am Hackeschen Markt, an der Friedrichstraße oder am Zoo aussteigen musste. Ja, manchmal ließ sich das nicht vermeiden. Massen von Menschen auf einem Haufen sind mir verhasst. Ein amorphes Gemenge hysterischer Gestalten, die eine Stadt mit durchschnittlichen Qualitäten und ein paar Highlights begaffen. Ich mit meinen durchschnittlichen Qualitäten und einigen Highlights würde mir verbitten, begafft und dumm bequatscht zu werden. Nein, Touristenzentren vermisse ich nicht, und wohl auch kein echter Berliner tut das.

Mancher reckt nun den Arm und schnippst mit den Fingern: »Straßencafés, in Groß Köris gibt es doch bestimmt keine Straßencafés!« – Stimmt. In Groß Köris gibt es derzeit kein einziges Straßencafé. Aber die Straßencafés in Berlin vermisse ich auch nicht. Ich hätte schon gern ein Straßencafé oder einen Biergarten. Aber nicht mit den Laptop-Heinis und Koksern, die über irgendwelche Projekte reden, Caipirinha trinkenden Schwulen, bei denen sich lautstark Eifersuchtsdramen abspielen, ständig stillenden Müttern, die mit anderen ständig stillenden Müttern ihre Kinder untereinander vergleichen. Das brauche ich nicht.

Ich habe jetzt selbst einen Garten. Und bei schönem Wetter trinke ich dort gern mit meinen Freunden und Nachbarn zusammen ein oder mehrere Biere. Ich vermisse nichts. Außer vielleicht einen Billardsalon. Aber wer weiß? Eventuell mache ich ja eines Tages selbst einen auf.

NACHWORT

Im Zimmer-frei-Fragebogen (nicht, dass ich jemals gefragt worden wäre, aber ich weiß davon) soll man angeben, was denn das wichtigste Ereignis in seinem Leben gewesen sei. Ich habe eine Weile darüber nachgedacht und bin dann zu der Auffassung gelangt, dass das wichtigste und entscheidendste Ereignis meines Lebens war, in der Oberstufe des Gymnasiums nicht in den Leistungskurs Deutsch 1 bei Ridderbusch, sondern durch glückliche Fügung in den LK D2 bei Depping gekommen zu sein. Alle anderen wichtigen Ereignisse wie mein Umzug nach Westberlin, meine Teilnahme am Streik an der Freien Universität, die Mitgründung der Zeitschrift *Salbader* und der Lesebühne *Dr. Seltsams Frühschoppen*, meine Hochzeit mit Sabine und der Autorenvertrag für dieses Buch waren letztendlich eine Folge dieser Fifty-fifty-Entscheidung. Ohne diese kreative, sinnliche und freigeistige Atmosphäre, die in unserem Kurs herrschte, ohne die großartigen, zum Teil exzentrischen Freundinnen und Freunde und ohne den in seinem Wertbewusstwein wunderbar ruhenden Kursleiter hätte ich nie die geistige Bereitschaft aufgebracht, mich allen Gelderwerbszwängen zum Trotz an etwas zu werfen, das unter Kunst firmiert. Ohne den LK Deutsch 2, der sich später mit einigem Recht HLK (Hochleistungskurs) nannte, wäre ich möglicherweise Beamter im Nordrhein-Westfälischen Innenministerium geworden. – Eine schlimme Vorstellung.

Nun ist es da, das Buch. – Eine Sammlung von Geschichten aus den letzten zehn Jahren, die allesamt auf der Bühne vor Publikum erprobt sind und von mir für dieses Buch überarbeitet wurden. Der Titel hätte auch lauten können: »Die wollen alle nur spielen, sagen sie, aber am Ende zerfleischt man sich selbst.« – Das wäre zu lang gewesen und womöglich irreführend. Aber wenn man es mal so sieht: *Die* sind Menschen, Dinge und Gedanken, die zunächst recht zutraulich als kleine, verspielte Vermaledeitheiten daherkommen, sich aber schon bald als schlimme Nervensägen entpuppen, die üble Grübeleien und nachhaltige Aggressionsattacken auslösen. Im ersten Kapitel spielt die *Pubertät* die Hauptrolle, die vor-erwachsene Orientierungslosigkeit, als man selbst noch darin steckte, oder die Unsicherheit, wenn man heute damit konfrontiert wird. Der zweite Abschnitt befasst sich mit *Phantasmagorien und Hirnschwurbeln* – Zerstreutheiten und Gedankengebilden, die einen werweißwohin führen; und das nicht erst im fortgeschrittenen Alter. Der *Gute Wille* ist ein nie versiegender Quell an Missverständnissen, Übermotivation und schlechter Tat. Das vierte Kapitel befasst sich mit dem uns umgebenden *Getier*, welches für den Nicht-Zoologen für immer unverstanden bleibt und mitunter auch eher schad- als sinnvoll existiert. Im umfangreichen letzten Kapitel schließlich geht es um unsere *Mitmenschen*. Ja, möchte man manchmal sagen, es sind leider unsere Mitmenschen. Man möchte die Hände über dem Kopf zusammenschlagen und rufen: Wie blöd kann man eigentlich sein! Mitunter aber sind sie auch ganz niedlich und liebenswert. Wie ich schon einmal sagte: Die wollen alle nur spielen. – Am Ende zerfleischt man sich selbst. Oder man schreibt ein Buch. Denn Ausdruckstanz ist nun wirklich keine Lösung.

Ich danke an dieser Stelle Wolfgang von Hollen, Horst Depping, Dr. Angelika Knispel und Carmen Böker für Zuwendung, Denkanstöße und Hilfestellungen; meinen Kollegen vom Frühschoppen, Hans Duschke, Horst Evers, Hinark

Husen, Sarah Schmidt und Jürgen Witte, für Geduld, Toleranz und Freundschaft über die vielen Jahre; John Kunkeler und dem Team der Kunstfabrik Schlot für ihre Gastfreundschaft und nicht zuletzt meinem Berliner Publikum für Zuspruch und Aufmunterung.

Andreas Scheffler, 1966 in Gütersloh geboren, übersiedelte 1987 nach Berlin und lebt heute mit Frau und Katzen in dem brandenburgischen Ort Groß Köris. Zusammen mit Bov Bjerg, Hans Duschke und Horst Evers gründete er 1989 die Zeitschrift »Salbader.« und gilt als Miterfinder der Lesebühnen. Wenn er seine eigenen Texte nicht vorträgt, schreibt er fürs Feuilleton, für zahlreiche Bühnenkollegen und gelegentlich für Funk und Fernsehen.